Schnelleinstieg in das SAP® ABAP® RESTful Application Programming Model (RAP)

Julian Danho
Phillip Dörrschuck

Willkommen bei Espresso Tutorials!

Unser Ziel ist es, SAP-Wissen wie einen Espresso zu servieren: Auf das Wesentliche verdichtete Informationen anstelle langatmiger Kompendien – für ein effektives Lernen an konkreten Fallbeispielen. Viele unserer Bücher enthalten zusätzlich Videos, mit denen Sie Schritt für Schritt die vermittelten Inhalte nachvollziehen können. Besuchen Sie unseren YouTube-Kanal mit einer umfangreichen Auswahl frei zugänglicher Videos:

https://www.youtube.com/user/EspressoTutorials.

Kennen Sie schon unser Forum? Hier erhalten Sie stets aktuelle Informationen zu Entwicklungen der SAP-Software, Hilfe zu Ihren Fragen und die Gelegenheit, mit anderen Anwendern zu diskutieren:

https://forum.espresso-tutorials.com/.

Eine Auswahl weiterer Bücher von Espresso Tutorials:

- Dr. Boris Rubarth:
  Schnelleinstieg in SAP ABAP® – 2., erweiterte Auflage
  https://es-tu.de/amfw2F
- Ulrich Bähr, Axel Treusch:
  Praxisbuch SAP® Interactive Forms und Adobe LiveCycle Designer – 2., erweiterte Auflage *https://es-tu.de/nspidt*
- Thomas Stutenbäumer:
  SAP® Praxishandbuch ABAP Teil 1 – Konzeption, Entwicklung und Debugging – 2., erweiterte Auflage *https://es-tu.de/9LZg*
- Thomas Stutenbäumer:
  SAP® Praxishandbuch ABAP® Teil 2 – Performance, Erweiterungen, Transportwesen – 2., erweiterte Auflage *https://es-tu.de/tq1cB3*
- Johannes Gerbershagen:
  Praxishandbuch SAP® CAP – Cloud Application Programming Model *https://es-tu.de/NGxfJ*
- Christoph Lordieck, Manfred Sprenger:
  SAP®-Schnelleinstieg: ABAP-Entwicklung in Eclipse – 2., erweiterte Auflage *https://es-tu.de/NaFTn*

Bibliografische Information der Deutschen Nationalbibliothek
Die Deutsche Nationalbibliothek verzeichnet diese Publikation in der Deutschen Nationalbibliografie; detaillierte bibliografische Daten sind im Internet über https://portal.dnb.de abrufbar.

Julian Danho, Phillip Dörrschuck
Schnelleinstieg in das SAP® ABAP® RESTful Application Programming Model (RAP)

ISBN:	978-3-960123-16-3
Lektorat:	Bernhard Edlmann
Korrektorat:	Die Korrekturstube – Lektorat & Korrektorat
Coverdesign:	Philip Esch
Coverfoto:	© carloscastilla Nr. 1250534724 – istockphoto.com
Satz & Layout:	Johann-Christian Hanke

1. Auflage 2024

URL: *www.espresso-tutorials.de*

Feedback:
Wir freuen uns über Fragen und Anmerkungen jeglicher Art. Bitte senden Sie diese an: *info@espresso-tutorials.com*.

Inhaltsverzeichnis

Vorwort

Wir freuen uns sehr, Ihnen dieses Buch vorzustellen, das Ihnen Einblick in die faszinierende Welt des ABAP RESTful Application Programming Model (RAP) bietet.

Als Entwickler wissen wir, dass Veränderungen manchmal eine Herausforderung darstellen. Gewohnte Arbeitsweisen und Technologien zu hinterfragen und sich auf Neues einzulassen, erfordert Mut und Offenheit. Wir waren Sympathisanten des Vorgängerprogrammiermodells und zunächst nicht gewillt, den Umstieg Richtung RAP zu wagen. Rückblickend können wir sagen, dass wir inzwischen absolute Befürworter des neuen Programmiermodells sind. Mit SEGW/BOPF möchten wir nicht mehr arbeiten.

Ermutigen möchten wir Sie, sich offen auf das RAP-Modell einzulassen und die Konzepte aktiv zu erkunden. Praxisnahe Beispiele und Übungen helfen Ihnen, es in realen Anwendungsfällen zu erleben und zu einem tieferen Verständnis hierfür zu gelangen.

Der Wechsel zu RAP mag zunächst eine Herausforderung sein, aber wir sind zuversichtlich, dass sich Ihre Mühe auszahlen wird. Mit dem Einsatz von SAP S/4HANA gewinnt das RAP-Modell zunehmend an Bedeutung und eröffnet Ihnen die Möglichkeit, innovative und zukunftsfähige Lösungen zu entwickeln.

Zielgruppe

Dieses Buch wendet sich an ABAP-Entwickler und Berater mit grundlegendem ABAP-Know-how, die einen praxisorientierten Einstieg in das RAP-Modell suchen. Auch Vorkenntnisse in CDS sollten vorhanden sein.

Für Neueinsteiger in das Thema RAP bieten wir eine solide Grundlage, um dieses Modell erfolgreich in den eigenen Projekten anzuwenden. Für erfahrene Entwickler wiederum möchten wir innovative Ansätze und praxiserprobte Lösungen präsentieren, um das volle Potenzial von RAP auszuschöpfen.

Unser Ziel ist es, Ihnen einen praxisorientierten und fundierten Leitfaden zur Verfügung zu stellen, der es Ihnen ermöglicht, komplexe Anwendungen erfolgreich zu entwickeln und gleichzeitig die Wartbarkeit und Erweiterbarkeit Ihrer Lösungen zu gewährleisten.

Struktur und Inhalt des Buches

Dieses Buch ist sorgfältig strukturiert und bietet einen tiefgreifenden Einblick in das RAP-Modell der SAP. Wir haben es so gestaltet, dass Sie schrittweise und zielgerichtet durch die verschiedenen Facetten und Potenziale dieses Modells geführt werden.

Das erste Kapitel bildet die Basis für Ihr Verständnis des RAP-Modells. Es befasst sich mit dem Hintergrund und der Motivation hinter dem Buch sowie mit der Evolution des ABAP-Programmiermodells. Hier stellen wir Ihnen auch unsere Ziele für das Buch vor. Wir führen Sie durch grundlegende Konzepte und Beispiele, um ein solides Fundament zu schaffen.

Das zweite Kapitel geht auf die Voraussetzungen ein, die Sie für das Verständnis des Buches benötigen. Wir besprechen die Systemvoraussetzungen und erläutern das ABAP-Flight-Reference-Modell als essenzielle Basis für die späteren Kapitel.

Im dritten Kapitel vertiefen wir uns in die Grundlagen des ABAP RESTful Application Programming Model. Wir beginnen mit einer Einführung in das Thema, bevor wir uns spezifischen Komponenten wie Business Objects, deren Behavior Definition und Implementierung sowie Business Services widmen. Jeder Abschnitt wird durch praxisnahe Beispiele illustriert.

Kapitel 4 widmet sich der Entity Manipulation Language (EML), die der neue Appendix der Programmiersprache ABAP ist. Wir decken verschiedene Anwendungsfälle ab und zeigen Ihnen, wie Sie im ABAP mit dem RAP-Modell Daten lesen, aktualisieren und anlegen. Dieses Kapitel ist entscheidend, um die Interaktion mit Daten im RAP-Modell zu verstehen.

Im fünften Kapitel erkunden wir verschiedene Methodiken im RAP, wie Numbering, Determinations, Validations, Actions, Functions, Unmanaged Save, Draft und Hierarchien. Hier lernen Sie, wie Sie mittels dieser Methoden leistungsfähige und zuverlässige Anwendungen entwickeln.

Kapitel 6 führt Sie in die Welt der Custom Entities ein. Wir erläutern die Konzeption und Implementierung sowie die Vor- und Nachteile dieser flexiblen Datenstrukturen. Sie erfahren, wie Sie Custom Entities nutzen, um Daten effektiv zu filtern und zu aggregieren.

Diese strukturierte Darstellung wird Ihnen dabei helfen, das RAP-Modell der SAP umfassend zu meistern und erfolgreich in Ihren Projekten umzusetzen. Wir wünschen Ihnen eine erkenntnisreiche Lektüre und viel Erfolg auf Ihrer Reise durch die spannende Welt der SAP-Entwicklung.

☛ Git Repository zu diesem Buch

Die Codes zu diesem Buch finden Sie in unserem Git Repository:

https://github.com/jp-devops-hub/rap-buch (Kapitel 1–5)

https://github.com/jp-devops-hub/rap-buch-customentity (Kapitel 6)

In den Text sind Kästen eingefügt, um wichtige Informationen besonders hervorzuheben. Jeder Kasten ist zusätzlich mit einem Piktogramm versehen, das diesen genauer klassifiziert:

Hinweis

Hinweise bieten praktische Tipps zum Umgang mit dem jeweiligen Thema.

Beispiel

Beispiele dienen dazu, ein Thema besser zu illustrieren.

! Achtung

Warnungen weisen auf mögliche Fehlerquellen oder Stolpersteine im Zusammenhang mit einem Thema hin.

Die Form der Anrede

Um den Lesefluss nicht zu beeinträchtigen, verwenden wir im vorliegenden Buch bei personenbezogenen Substantiven und Pronomen zwar nur die gewohnte männliche Sprachform, meinen aber gleichermaßen Personen weiblichen und diversen Geschlechts.

Hinweis zum Urheberrecht

Sämtliche in diesem Buch abgedruckten Screenshots unterliegen dem Copyright der SAP SE. Alle Rechte an den Screenshots hält die SAP SE. Der Einfachheit halber haben wir im Rest des Buches darauf verzichtet, dies unter jedem Screenshot gesondert auszuweisen.

1 Einleitung

Willkommen in der Welt der dritten Generation des ABAP-Programmiermodells für SAP S/4HANA. Das innovative ABAP RESTful Application Programming Model (RAP) spielt eine entscheidende Rolle in der modernen SAP-Entwicklung. Im Zeitalter von S/4HANA, in dem sich die Anforderungen an Geschäftsapplikationen und Datenverarbeitung rapide weiterentwickeln, bietet es eine zukunftsorientierte Lösung. Diese Einleitung legt den Grundstein für das tiefergehende Verständnis der Veränderungen und Möglichkeiten, die S/4HANA und RAP bieten. Es ist eine Reise durch die Evolution der ABAP-Programmierung, die aufzeigt, wie SAP-Entwickler sich anpassen und die neuen Technologien nutzen können, um effiziente, skalierbare und benutzerfreundliche Anwendungen zu schaffen.

In diesem Kapitel untersuchen wir die Evolution der ABAP-Programmierung bis hin zum RAP für S/4HANA, einer modernen Methode zur Entwicklung effizienter, REST-basierter Anwendungen, die die Möglichkeiten von S/4HANA vollständig nutzen.

Die Evolution des ABAP-Programmiermodells zeigt den technologischen Fortschritt und die Anpassung an die Bedürfnisse der modernen Geschäftswelt. RAP integriert bewährte Technologien wie CDS, ABAP und SAPUI5, um eine effiziente und strukturierte Entwicklungsumgebung zu schaffen.

1.1 Hintergrund und Motivation

Im Zuge der Einführung von SAP S/4HANA hat sich die ABAP-Entwicklung grundlegend verändert. Mit S/4HANA hat die SAP eine neue Generation von Software geschaffen, die auf einer vereinfachten Datenbankarchitektur basiert und eine Reihe neuer Funktionen und Möglichkeiten bietet.

Traditionelle ABAP-Entwicklungsansätze stoßen an ihre Grenzen, wenn es darum geht, von den Vorteilen des S/4HANA-Systems zu profitieren. Die Einführung des RAP ist eine Reaktion der SAP auf diese Herausforderungen.

S/4HANA ermöglicht eine vereinfachte Datenmodellierung mit dem Core-Data-Services(CDS)-Framework, eine verbesserte Benutzeroberfläche mit SAP Fiori und eine effiziente Verarbeitung von Geschäftslogik.

Durch die Verwendung von RAP schöpfen Sie S/4HANA in Bezug auf Performance, Skalierbarkeit und Benutzererfahrung optimal aus. Sie können moderne, Cloud-fähige Anwendungen entwickeln, die nahtlos in die Systemlandschaft integriert sind und einen Mehrwert für Unternehmen generieren.

1.2 Evolution des ABAP-Programmiermodells

Das ABAP-Programmiermodell hat im Laufe der Zeit eine Evolution durchlaufen, um den wachsenden Bedürfnissen der Geschäftswelt gerecht zu werden (siehe Abbildung 1.1). Die verschiedenen Evolutionsstufen spiegeln die technologischen Fortschritte und die sich ändernden Anforderungen an die Anwendungsentwicklung wider.

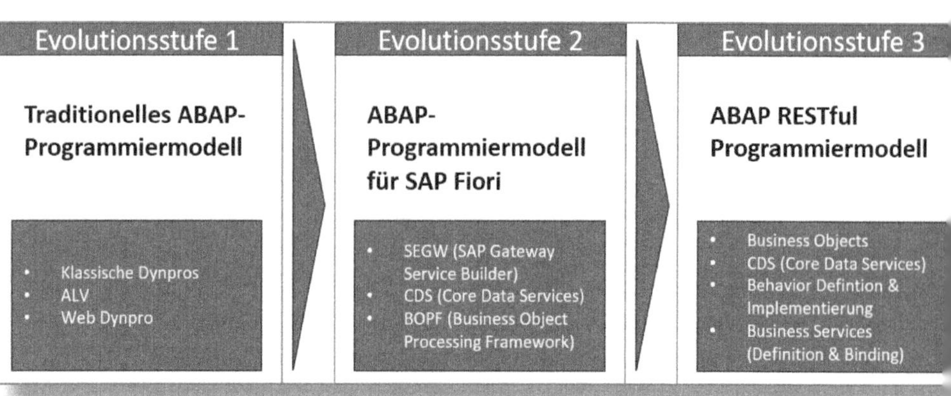

Abbildung 1.1: ABAP Evolution

Evolutionstufe 1: Traditionelles ABAP-Programmiermodell

Zunächst hat die SAP keine einheitliche Vorgehensweise für die Entwicklung von Anwendungen vorgeschrieben. Stattdessen gingen die Entwickler nach dem Prinzip des Best Practice Freestyle ABAP Programming vor. Dies ermöglichte ihnen, verschiedene Technologien wie ABAP, Dynpro, Web Dynpro, BSP und andere nach Belieben zu kombinieren. Diese große Freiheit erleichterte die Arbeit, führte jedoch mittelfristig zu Nachteilen.

Da kein einheitliches Modell existierte, mussten sich neue Entwickler intensiv in die heterogene Technologielandschaft einarbeiten, um Änderungen an bestehenden Systemen vornehmen zu können. Es gab keine Standards, und das verursachte Zeit- und Kostenaufwand, der besser in die Entwicklung geflossen wäre.

Evolutionstufe 2: ABAP-Programmiermodell für SAP Fiori

Mit der Einführung von SAP NetWeaver 7.4 begann die SAP, die ABAP-Plattform für die HANA-Datenbank zu optimieren. In diesem Zusammenhang wurden CDS, SAP Gateway und OData für die Kunden verfügbar gemacht. Die Einführung von SAP Fiori brachte eine neue Benutzererfahrung. Die Technologievielfalt nahm weiter zu.

Um den Anforderungen an SAP-Fiori-Anwendungen gerecht zu werden und eine hohe Produktqualität sowie ein einfaches Lifecycle-Management zu gewährleisten, führte die SAP das ABAP-Programmiermodell für SAP Fiori ein. Dieses Modell ermöglichte skalierbare und wartbare Anwendungen, die für die Cloud bereit waren. Dies erleichterte das Onboarding neuer Entwickler, da diese sich nicht mehr durch umfangreiche Dokumentationen arbeiten mussten.

Das ABAP-Programmiermodell für SAP Fiori basierte auf bewährten Technologien wie CDS, BOPF und SAP Gateway. So ließen sich transaktionale und analytische Anwendungen entwickeln. Das Modell bestand aus verschiedenen Schichten einschließlich SAPUI5 für die Benutzerschnittstelle, OData als Kommunikationsprotokoll, ABAP für die Geschäftslogik und CDS für das Datenmodell. Dadurch ließ sich eine einheitliche Entwicklungsumgebung schaffen.

Evolutionstufe 3: ABAP RESTful Application Programming Model (RAP)

Das RAP ist die neueste Evolution des ABAP-Programmiermodells. Es wurde entwickelt, um effiziente webbasierte Anwendungen und Web-APIs zu ermöglichen.

Das RAP baut auf dem ABAP-Programmiermodell für SAP Fiori auf und integriert verschiedene Technologien wie CDS, ABAP und SAPUI5. Es bietet eine standardisierte und effiziente Entwicklungsumgebung, die die Kosten für die Entwicklung senkt und Entwicklern eine klare Struktur sowie Tools zur Verfügung stellt.

Durch die Evolution des ABAP-Programmiermodells hat die SAP kontinuierlich an der Modernisierung der ABAP-Entwicklung gearbeitet und die sich ändernden Anforderungen der Geschäftswelt erfüllt. Jede Evolutionsstufe hat zu verbesserten Entwicklungsmöglichkeiten, höherer Produktqualität und besserer Skalierbarkeit von Anwendungen geführt.

2 Konfiguration

Bevor wir starten, müssen wir zuerst prüfen, ob Ihr SAP-System alle Voraussetzungen für einen reibungslosen Ablauf erfüllt. Deshalb möchten wir in diesem Kapitel Schritt für Schritt alle benötigten Konfigurationen durchführen.

Dabei fokussieren wir uns auf die Voraussetzungen für effektive ABAP-Entwicklung in SAP S/4HANA, speziell für das RAP. Es werden grundlegende Anforderungen an das System, die Installation von Eclipse mit ABAP Development Tools und SAP GUI besprochen. Ein wesentlicher Teil des Kapitels widmet sich dem ABAP-Flight-Reference-Modell – einem zentralen Element für praktische Übungen. Schritt-für-Schritt-Anleitungen für die Überprüfung des Paketstatus, das Herunterladen und Einrichten des Modells sowie die Installation von ABAPGit für den Import des Pakets sind darin enthalten. Nach der erfolgreichen Vorbereitung und Installation können Sie direkt in die praxisnahen Übungen und Beispiele einsteigen.

ABAP-Flight-Reference-Modell

Das ABAP-Flight-Reference Modell ist ein in SAP-Systemen verwendetes Datenbankmodell, das speziell für Trainingszwecke konzipiert wurde. Es umfasst eine Sammlung relationaler Datenbanktabellen, die Flugdaten, Buchungen und Passagierinformationen enthalten. Die Übungen in diesem Buch basieren auf diesem Modell. Weitere Informationen finden Sie unter: *https://help.sap.com/docs/ABAP_PLATFORM_NEW/fc4c71aa50014fd1b43721701471913d/a9d7c7c140a0408dbc5966c52d156b49.html?locale=en-US*

2.1 Voraussetzungen

2.1.1 SAP-System

Die in diesem Buch vorgestellten Entwicklungsübungen sind ab dem Release S/4HANA On-Premise 2021 möglich. Um sicherzustellen, dass Sie alle problemlos durchführen können, empfehlen wir dringend die Verwendung dieses Systems oder einer neueren Version. Zusätzlich ist es erforderlich, dass Sie über einen gültigen Entwicklungsschlüssel verfügen und Zugriff auf ein SAP-System innerhalb Ihres Unternehmens haben. Diese Voraussetzungen sind essenziell, um die Möglichkeiten der Übungen voll ausschöpfen und die Inhalte des Buches optimal nutzen zu können.

2.1.2 Erforderliche Software auf dem Endgerät

Für eine optimale Durchführung der Übungen in diesem Buch ist es wichtig, dass Ihr Computer mit einigen spezifischen Softwaretools ausgestattet ist. Wir empfehlen die Installation von:

1. *Eclipse:* eine vielseitige integrierte Entwicklungsumgebung, die eine effiziente Programmierung ermöglicht (*https://www.eclipse.org/downloads/*)
2. *ABAP Development Tools (ADT):* ein unverzichtbares Toolkit für die Entwicklung mit ABAP in der Eclipse-Umgebung (*https://tools.hana.ondemand.com/#abap*)
3. *SAP GUI*

☛ Wichtiger Hinweis zu externen Links

Bitte beachten Sie, dass die in diesem Buch angegebenen URLs zum Zeitpunkt der Veröffentlichung aktuell waren. Es ist jedoch möglich, dass sich Webadressen im Laufe der Zeit ändern. Sollten Sie auf Probleme beim Zugriff auf die Links stoßen, empfehlen wir, die entsprechenden Schlüsselwörter (wie *Eclipse Download* oder *ABAP Development Tools*) mit Ihrer bevorzugten Suchmaschine zu suchen, um die neuesten und gültigen Webseiten zu finden.

2.2 ABAP-Flight-Reference-Modell

Im ersten Schritt möchten wir überprüfen, ob auf Ihrem System das ABAP-Flight-Reference-Modell installiert ist, auf dem die Übungen in diesem Buch basieren.

2.2.1 Prüfung des Paketstatus

Um zu prüfen, ob die benötigten Pakete auf Ihrem System vorhanden sind, starten Sie in Eclipse eine Suche über den Taschenlampen-Button (). Dadurch öffnet sich die ABAP OBJECT SEARCH. In diesem Dialog tragen Sie den Paketnamen */DMO/** in das Feld OBJECT NAME PATTERN ❶ ein und klicken auf den Button SEARCH ❷ (siehe Abbildung 2.1).

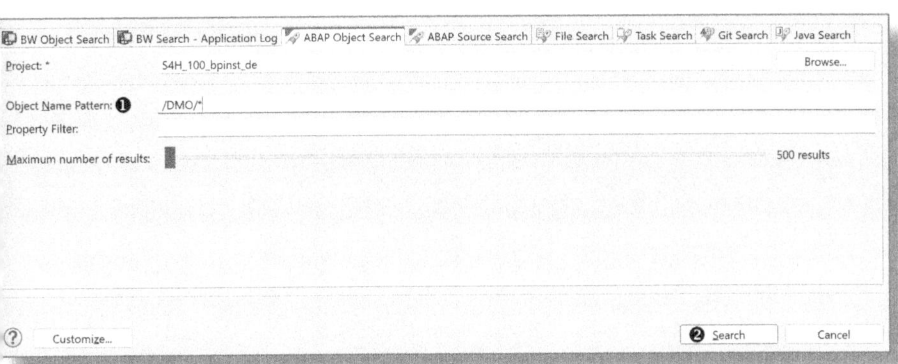

Abbildung 2.1: ABAP-Objektsuche – Dialog

Nachdem die Suche abgeschlossen ist, sehen Sie in Eclipse, ob Elemente gefunden wurden. Sollte dies nicht der Fall sein, wie in Abbildung 2.2 zu sehen, müssen Sie das Paket noch installieren. Werden bei der Suche die Pakete gefunden, können Sie mit Kapitel 3 fortfahren.

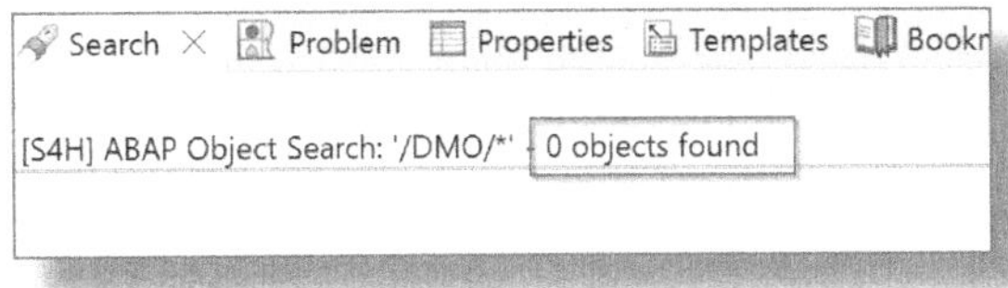

Abbildung 2.2: ABAP-Objektsuche – Suchergebnis

2.2.2 Herunterladen des Pakets

Das Modell wird als ABAPGit-Paket auf dem offiziellen GitHub Repository von SAP zur Verfügung gestellt. Der Link zu dem Repository lautet:

https://github.com/SAP-samples/abap-platform-refscen-flight

Dort wählen Sie den jeweiligen Git Branch für Ihr aktuelles Backend-Release aus (siehe Abbildung 2.3).

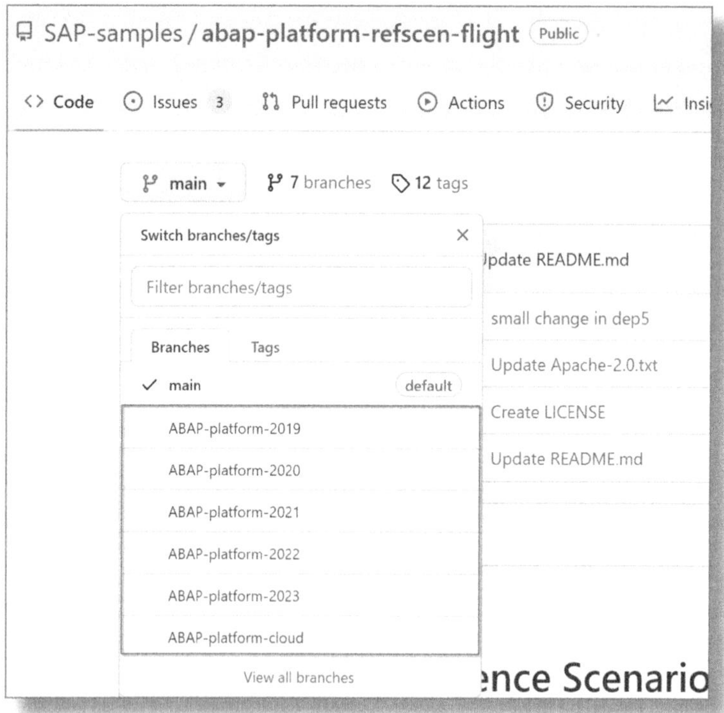

Abbildung 2.3: Verfügbare Versionen

Nachdem Sie den für Ihr System benötigten Branch als ZIP-Datei heruntergeladen haben, müssen Sie vor Einspielen des Pakets den Namensraum einrichten.

! Hinweis zur Namensraumkonfiguration

Vor dem Fortfahren stellen Sie bitte sicher, dass Sie sich auf einem Trainings- oder Sandboxsystem befinden. Da die Konfiguration von Namensräumen eine zentrale Einstellung ist, benötigen Sie umfassende Berechtigungen in Ihrem System. Es könnte daher sein, dass die gezeigte Konfiguration ein befähigter SAP-Basis- Administrator aus Ihrem Unternehmen durchführen muss.

2.2.3 Namensraum einrichten

Bevor das /DMO/-Paket eingespielt werden kann, muss der Namensraum eingerichtet werden. Dazu öffnen Sie die Transaktion *SE03* (Transport Organizer Tools). Dort wählen Sie im Menü den Punkt ADMINISTRATION • NAMENSRÄUME ANZEIGEN/ÄNDERN aus.

Anschließend öffnet sich eine mandantenunabhängige Tabelle, in der Sie einen neuen Eintrag anlegen (siehe Abbildung 2.4).

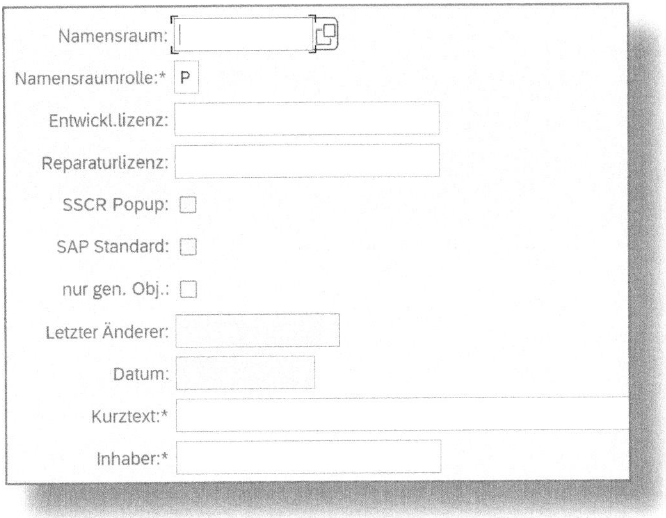

Namensraum:
Namensraumrolle:* P
Entwickl.lizenz:
Reparaturlizenz:
SSCR Popup:
SAP Standard:
nur gen. Obj.:
Letzter Änderer:
Datum:
Kurztext:*
Inhaber:*

Abbildung 2.4: Neuen Namensraum pflegen

Die Werte für den neuen Namensraum finden Sie in dem GitHub Repository unter dem systemspezifischen Branch in der README.md-Datei. Dort gibt es den Abschnitt SET UP NAMESPACE (siehe Abbildung 2.5).

Set Up Namespace

SAP uses a reserved namespace for the demo objects.

To enable the namespace in your customer system, follow the steps described in Setting Up a Namespace for Development. the following values:

- Namespace: `/DMO/`
- Namespace Role : `C`
- Repair license: `32869948212895959389`
- Short Text: Enter a suitable description for the namespace , for example `SAP Demo Scenarios` .
- Owner: `SAP`

Abbildung 2.5: »/DMO/«-Namensraum – Werte

Nachdem Sie die Werte eingegeben haben, können Sie diese speichern und zum Menü der Transaktion *SE03* zurückkehren. Dort muss nun die Änderbarkeit für den `/DMO/`-Namensraum gesetzt werden. Hierzu wählen Sie im Menü den Punkt ADMINISTRATION • SYSTEMÄNDERBARKEIT SETZEN aus.

In der angezeigten Tabellenpflegeansicht suchen Sie nach dem PRÄFIX /DMO/ und setzen diesen auf den Status *änderbar* (siehe Abbildung 2.6).

Namensraum/Namensbereich	Präfix	Änderbarkeit
	/DMO/	änderbar
Direct Store Delivery	/DSD/	änderbar
Anwendungsentwicklung e-Accounting	/EACA/	änderbar
Development Financials E-Accounting	/EACC/	änderbar
	/EAFIN/	änderbar
SAP iPPE	/EAIPPE/	änderbar
	/EAMPLM/	änderbar

Abbildung 2.6: Präfix »/DMO/« auf änderbar setzen

! Bitte immer auch Hinweise der README.md-Datei beachten

Wir möchten Sie darauf hinweisen, dass eventuell noch weitere Vorarbeiten nötig werden, die in diesem Buch nicht vollumfänglich beschrieben werden konnten. Bitte lesen Sie noch einmal sorgfältig die README.md-Datei in dem Repository, bevor Sie mit dem nächsten Schritt fortfahren.

2.2.4 Installation von ABAPGit

Für den Import des Pakets in Ihr System benötigen Sie ABAPGit.

Den Quellcode für ABAPGit können Sie auf der offiziellen Seite herunterladen:

https://docs.abapgit.org/.

Unter dem Abschnitt WELCOME TO ABAPGIT, wie in Abbildung 2.7 zu sehen, finden Sie die zuletzt veröffentlichte Version des Programms.

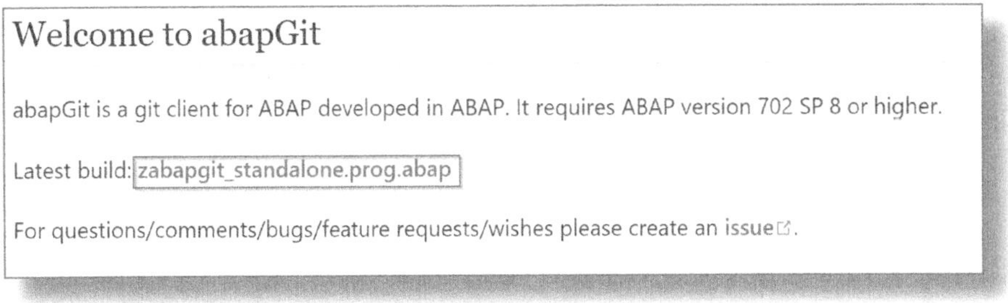

Welcome to abapGit

abapGit is a git client for ABAP developed in ABAP. It requires ABAP version 702 SP 8 or higher.

Latest build: zabapgit_standalone.prog.abap

For questions/comments/bugs/feature requests/wishes please create an issue.

Abbildung 2.7: Letzte Version von abapGit öffnen

Durch einen Klick auf den Link wird der Quelltext im Rohformat angezeigt. Bevor Sie diesen über Copy-and-paste in das System laden, müssen Sie noch ein ABAP-Programm anlegen. Dazu wechseln Sie zu Eclipse und öffnen durch Rechtsklick auf das System den Dialog zum

Anlegen. Wie in Abbildung 2.8 zu sehen, wählen Sie im Kontextmenü NEW • OTHER... aus.

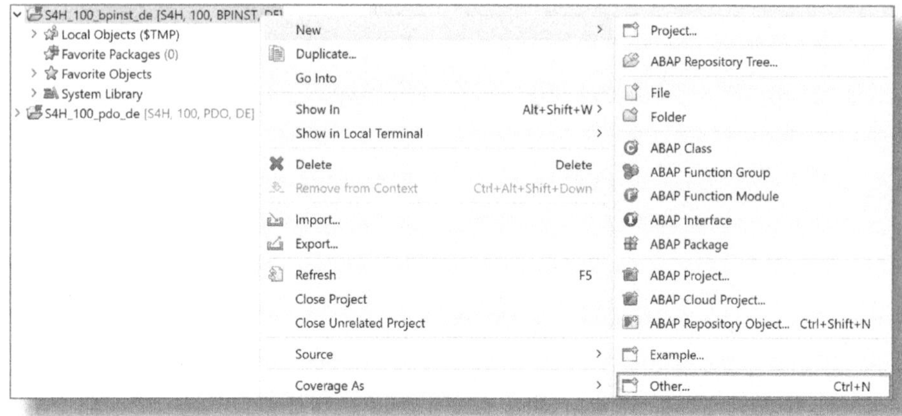

Abbildung 2.8: Neues Objekt anlegen

In dem sich daraufhin öffnenden Dialog suchen Sie nach dem Typ *ABAP Program* ❶ und bestätigen mit NEXT ❷ (siehe Abbildung 2.9).

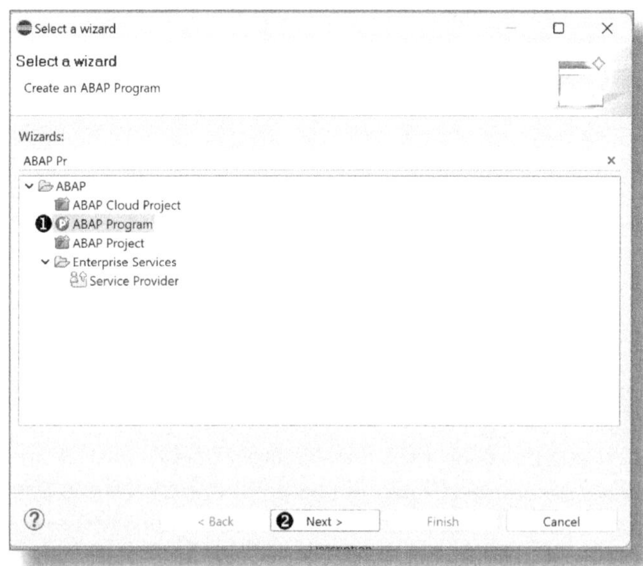

Abbildung 2.9: Typ »ABAP-Programm« auswählen

Sie wählen, wie in Abbildung 2.10 zu sehen, das Paket *$TMP* ❶ (lokale Entwicklungen, ohne Transport) aus und tragen als Programmnamen *ZABAPGIT_STANDALONE* ❷ ein. Nachdem Sie eine Beschreibung ❸ vergeben haben, bestätigen Sie die Anlage mit dem Button FINISH ❹.

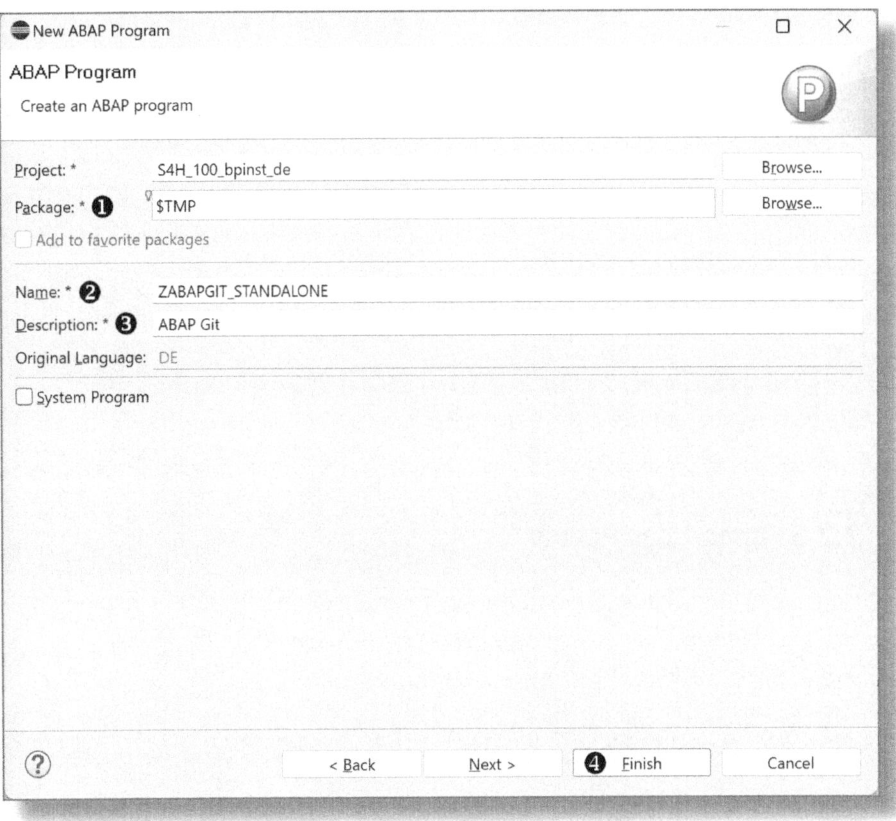

Abbildung 2.10: Informationen zur Programmanlage eingeben

Anschließend kopieren Sie den Quellcode, wie in Abbildung 2.11 zu sehen, durch `Strg` + `C` aus dem Browser und fügen diesen durch `Strg` + `V` ins ABAP-Programm ein. Den gezeigten Quellcode finden Sie direkt auf der Webseite von ABAPGit, wie bereits in Abbildung 2.7 gezeigt. Der Kopiervorgang kann bei dieser Programmgröße einen Moment dauern.

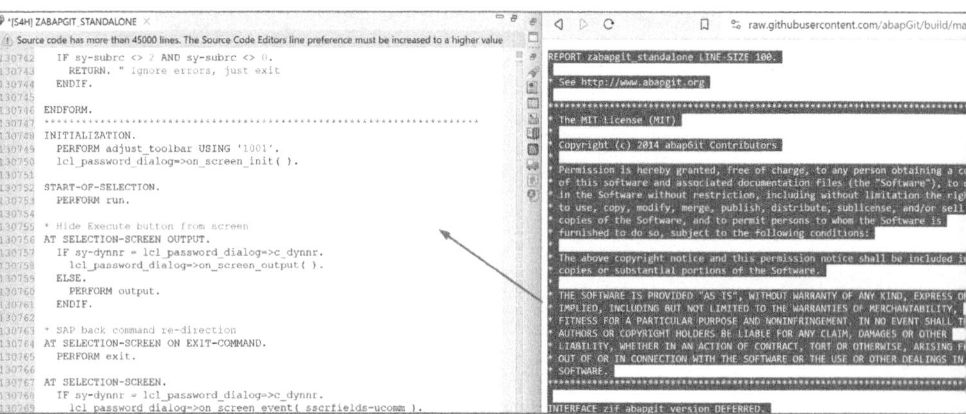

Abbildung 2.11: Programmcode kopieren

Daraufhin aktivieren Sie das Programm ( ) und führen es aus, indem Sie die Funktionstaste F8 betätigen.

2.2.5 Import des Pakets

Über ABAPGit können Sie nun die heruntergeladene ZIP-Datei einspielen. Dazu klicken Sie in der Menüleiste auf die Schaltfläche NEW OFFLINE (siehe Abbildung 2.12).

Abbildung 2.12: Neues Offline-Paket

Im folgenden Dialog für die Anlage wählen Sie den Repository-Namen */DMO/FLIGHT* ❶ sowie den gleichnamigen Paketnamen ❷ und legen das Paket über die Schaltfläche CREATE PACKAGE ❸ an (siehe Abbildung 2.13).

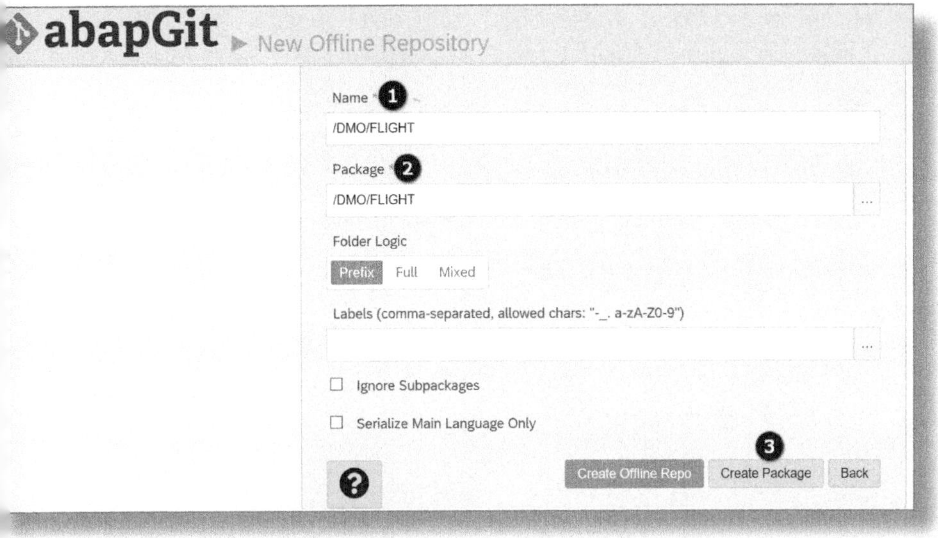

Abbildung 2.13: Paket anlegen

Anschließend öffnet sich ein Dialog für die Anlage des Pakets im SAP-System (siehe Abbildung 2.14). Sie vergeben für das Paket eine Kurzbeschreibung ➊ und ordnen es einer Softwarekomponente ➋ zu. Durch den Haken (✓) ➌ bestätigen Sie Ihre Eingaben.

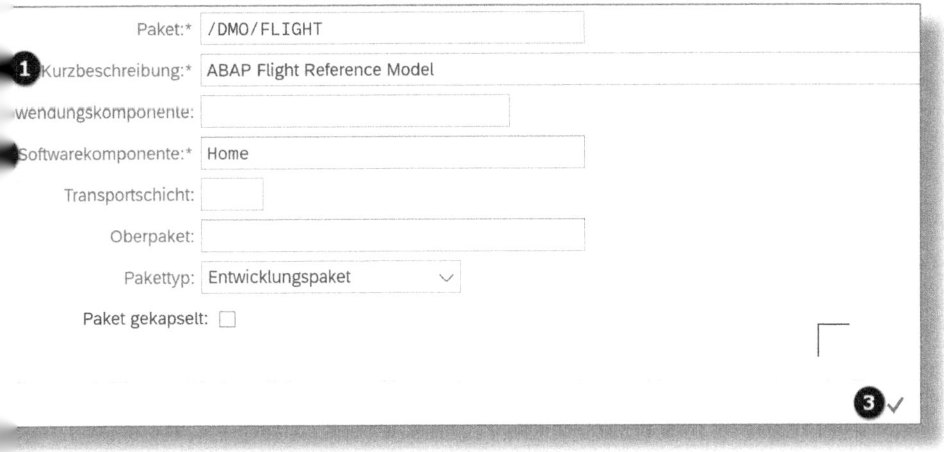

Abbildung 2.14: Paket »/DMO/FLIGHT« anlegen

Nachdem das Paket angelegt ist, kommt das Repository an die Reihe. Klicken Sie auf die Schaltfläche CREATE OFFLINE REPO (siehe Abbildung 2.15).

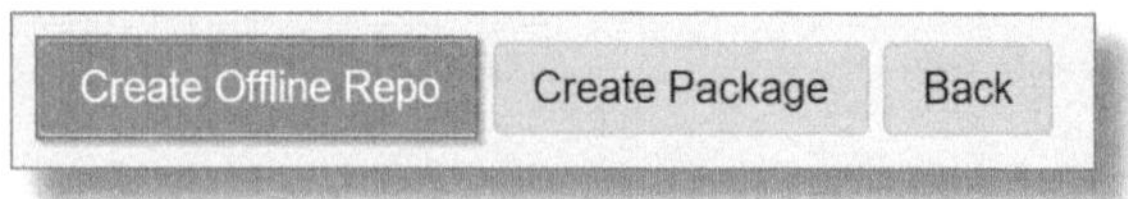

Abbildung 2.15: Repository anlegen

Das neue Repository wird angezeigt, und Sie können die ZIP-Datei über die Schaltfläche IMPORT ZIP von Ihrem Computer in das SAP-System importieren (siehe Abbildung 2.16).

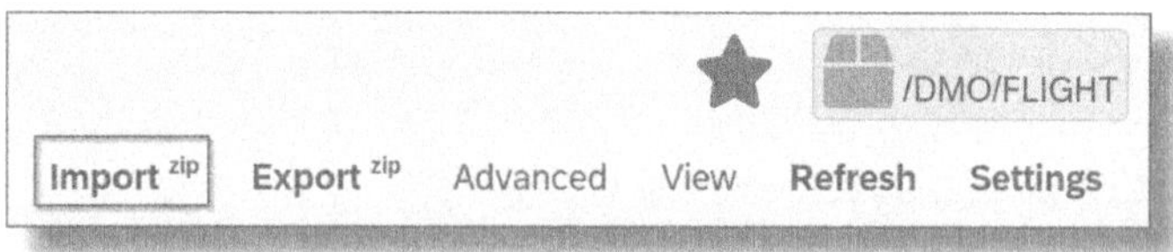

Abbildung 2.16: ZIP-Datei importieren

Durch den Klick öffnet sich der Betriebssystemdialog für das Öffnen von Dateien. Hier wählen Sie, wie in Abbildung 2.17 gezeigt, die aus dem GitHub Repository heruntergeladene Datei aus und klicken auf die Schaltfläche ÖFFNEN.

Abbildung 2.17: Datei auf dem Betriebssystem auswählen

Nachdem ABAPGit alle Dateien serialisiert hat, wird in der Übersicht die Schaltfläche PULL ZIP angeboten (siehe Abbildung 2.18). Ein Klick darauf startet den Import der Elemente.

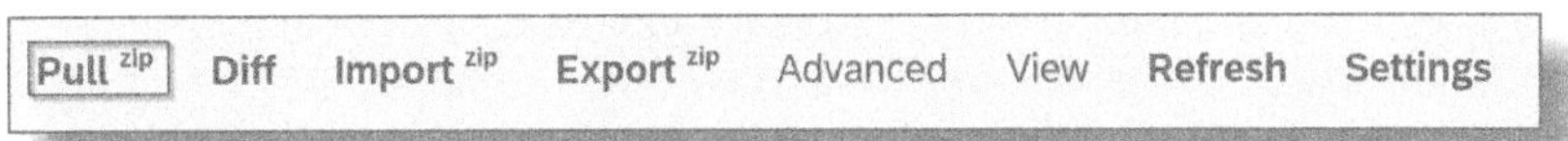

Abbildung 2.18: Pull der Änderungen

Zunächst erscheint ein Dialog mit allen zu importierenden Elementen. Bestätigen Sie mit der Schalfläche CONTINUE (siehe Abbildung 2.19).

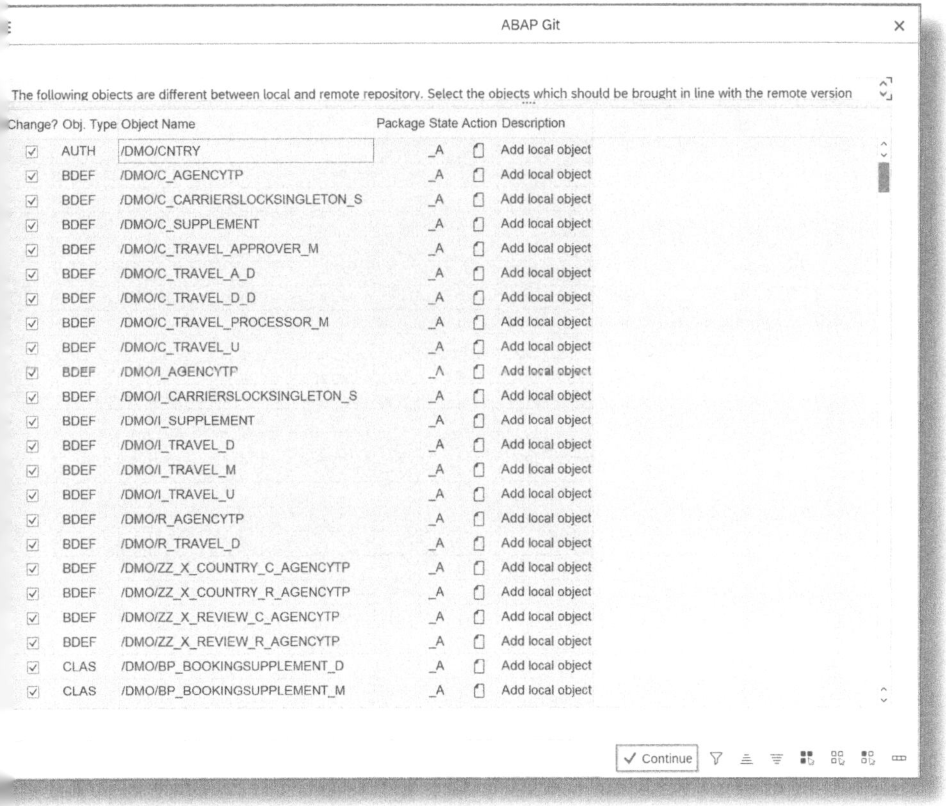

ABAP Git

The following objects are different between local and remote repository. Select the objects which should be brought in line with the remote version

Change?	Obj. Type	Object Name	Package	State	Action	Description
☑	AUTH	/DMO/CNTRY		_A		Add local object
☑	BDEF	/DMO/C_AGENCYTP		_A		Add local object
☑	BDEF	/DMO/C_CARRIERSLOCKSINGLETON_S		_A		Add local object
☑	BDEF	/DMO/C_SUPPLEMENT		_A		Add local object
☑	BDEF	/DMO/C_TRAVEL_APPROVER_M		_A		Add local object
☑	BDEF	/DMO/C_TRAVEL_A_D		_A		Add local object
☑	BDEF	/DMO/C_TRAVEL_D_D		_A		Add local object
☑	BDEF	/DMO/C_TRAVEL_PROCESSOR_M		_A		Add local object
☑	BDEF	/DMO/C_TRAVEL_U		_A		Add local object
☑	BDEF	/DMO/I_AGENCYTP		_A		Add local object
☑	BDEF	/DMO/I_CARRIERSLOCKSINGLETON_S		_A		Add local object
☑	BDEF	/DMO/I_SUPPLEMENT		_A		Add local object
☑	BDEF	/DMO/I_TRAVEL_D		_A		Add local object
☑	BDEF	/DMO/I_TRAVEL_M		_A		Add local object
☑	BDEF	/DMO/I_TRAVEL_U		_A		Add local object
☑	BDEF	/DMO/R_AGENCYTP		_A		Add local object
☑	BDEF	/DMO/R_TRAVEL_D		_A		Add local object
☑	BDEF	/DMO/ZZ_X_COUNTRY_C_AGENCYTP		_A		Add local object
☑	BDEF	/DMO/ZZ_X_COUNTRY_R_AGENCYTP		_A		Add local object
☑	BDEF	/DMO/ZZ_X_REVIEW_C_AGENCYTP		_A		Add local object
☑	BDEF	/DMO/ZZ_X_REVIEW_R_AGENCYTP		_A		Add local object
☑	CLAS	/DMO/BP_BOOKINGSUPPLEMENT_D		_A		Add local object
☑	CLAS	/DMO/BP_BOOKINGSUPPLEMENT_M		_A		Add local object

✓ Continue

Abbildung 2.19: Elemente importieren

Im Anschluss an den erfolgreichen Import füllen Sie die angelegten Datenbanktabellen mit Daten. Hierzu öffnen Sie das Paket /DMO/FLIGHT_LEGACY in Eclipse und navigieren im Menübaum zur Klasse /DMO/CL_FLIGHT_DATA_GENERATOR (siehe Abbildung 2.20).

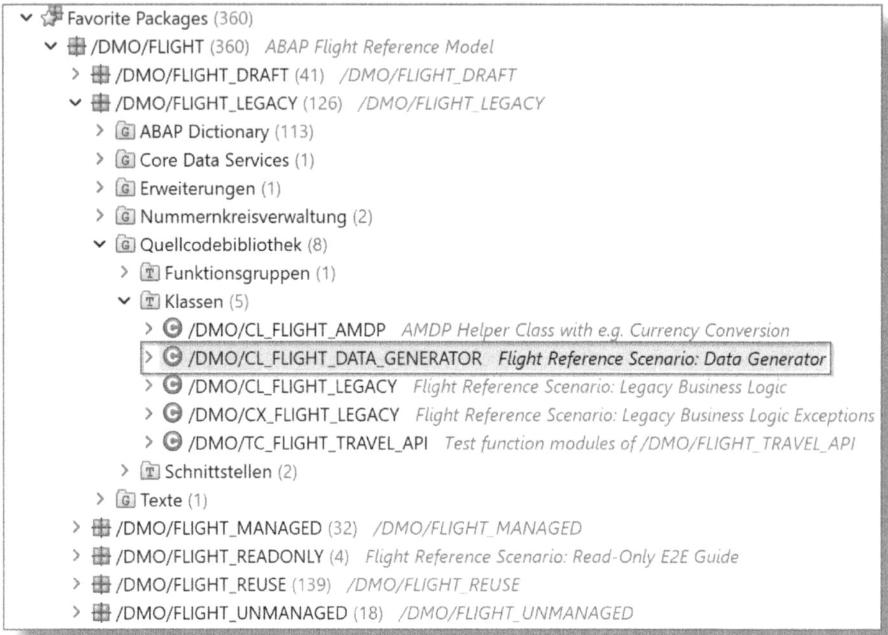

Favorite Packages (360)
/DMO/FLIGHT (360) *ABAP Flight Reference Model*
/DMO/FLIGHT_DRAFT (41) */DMO/FLIGHT_DRAFT*
/DMO/FLIGHT_LEGACY (126) */DMO/FLIGHT_LEGACY*
ABAP Dictionary (113)
Core Data Services (1)
Erweiterungen (1)
Nummernkreisverwaltung (2)
Quellcodebibliothek (8)
Funktionsgruppen (1)
Klassen (5)
/DMO/CL_FLIGHT_AMDP *AMDP Helper Class with e.g. Currency Conversion*
/DMO/CL_FLIGHT_DATA_GENERATOR *Flight Reference Scenario: Data Generator*
/DMO/CL_FLIGHT_LEGACY *Flight Reference Scenario: Legacy Business Logic*
/DMO/CX_FLIGHT_LEGACY *Flight Reference Scenario: Legacy Business Logic Exceptions*
/DMO/TC_FLIGHT_TRAVEL_API *Test function modules of /DMO/FLIGHT_TRAVEL_API*
Schnittstellen (2)
Texte (1)
/DMO/FLIGHT_MANAGED (32) */DMO/FLIGHT_MANAGED*
/DMO/FLIGHT_READONLY (4) *Flight Reference Scenario: Read-Only E2E Guide*
/DMO/FLIGHT_REUSE (139) */DMO/FLIGHT_REUSE*
/DMO/FLIGHT_UNMANAGED (18) */DMO/FLIGHT_UNMANAGED*

Abbildung 2.20: Klasse »Datengenerator« öffnen

Nach einem Doppelklick auf die Klasse führen Sie diese als Konsolenanwendung [F9] aus. Alternativ können Sie auch den Ausführen-Button (▶) klicken (siehe Abbildung 2.21). Sie wählen dort die Zeile *ABAP Application (Console)* ❶ aus und bestätigen die Auswahl mit OK ❷.

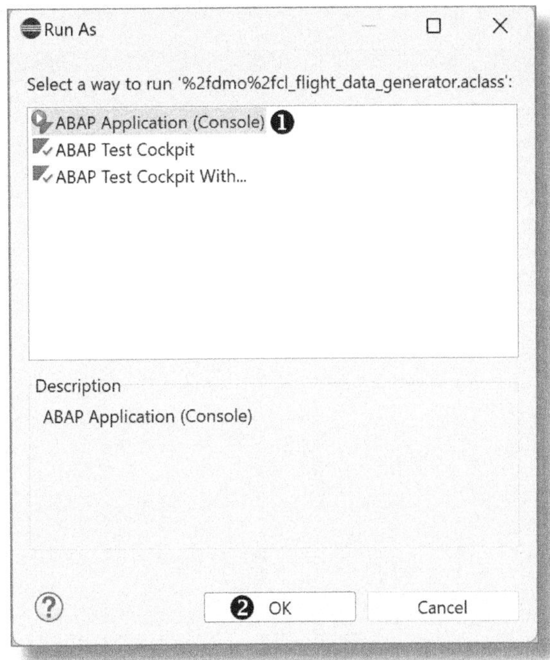

Abbildung 2.21: Klasse »Datengenerator« ausführen

Wenn die Ausführung erfolgreich war, erscheint in der Konsole die Meldung FINISHED DATA GENERATION (siehe Abbildung 2.22).

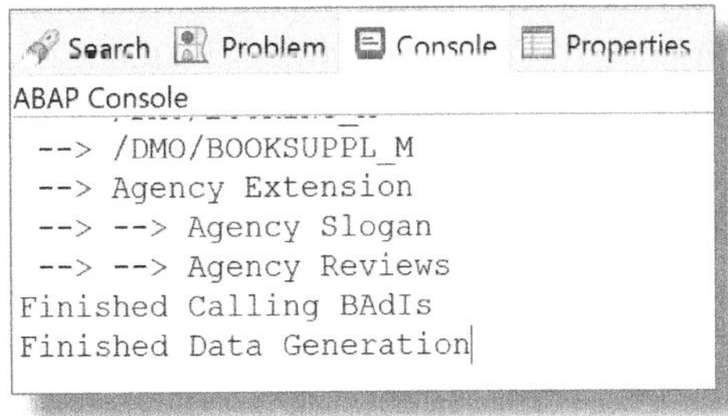

Abbildung 2.22: Erfolgsmeldung nach Datengenerierung

3 Grundlagen – ABAP RESTful Application Programming Model

In diesem Kapitel tauchen wir in die Grundlagen des ABAP RESTful Application Programming Model (RAP) ein. Hier legen wir den Grundstein für ein fundiertes Verständnis.

Wir beginnen mit einer detaillierten Einführung in das RAP-Modell und erläutern die Architektur hinter diesem Ansatz. Dabei verdeutlichen wir die wesentlichen Konzepte und Prinzipien, die das Modell so leistungsfähig und flexibel machen. Sie werden ein klares Verständnis dafür entwickeln, wie RAP aufgebaut ist.

Im weiteren Verlauf des Kapitels werden wir gemeinsam ein RAP-Modell anlegen. Wir führen Sie Schritt für Schritt durch den Prozess und erläutern ausführlich jede erstellte Komponente.

Initiale Fiori-Applikation

In diesem Kapitel werden Sie Ihre erste eigene Fiori-List-Report-Applikation in dem RAP-Modell entwickeln. Diese Applikation wird alle transaktionalen Funktionen wie Anlegen, Bearbeiten und Löschen beinhalten. Zusätzlich werden automatisch Filter sowie Sortierungsmöglichkeiten angeboten.

Wir legen großen Wert darauf, dass Sie nicht nur die technische Umsetzung verstehen, sondern auch die dieser zugrunde liegenden Konzepte. Daher erläutern wir jeden Schritt ausführlich und stellen sicher, dass Sie die Grundprinzipien des RAP-Modells vollständig erfassen.

Am Ende dieses Kapitels haben Sie nicht nur ein funktionsfähiges Modell erstellt, sondern auch ein solides Verständnis für dessen Architektur und Funktionsweise entwickelt. Dies bildet die Grundlage für Ihre weiteren Schritte in die RAP-Welt.

3.1 Einführung

3.1.1 Die drei Hauptakteure im RAP-Modell

Das RAP basiert auf drei Hauptkomponenten, die den Weg zu einer effizienten und flexiblen Anwendungsentwicklung ebnen:

1. *ABAP Development Tools in Eclipse for all development Tasks:* Die Eclipse-Entwicklungsumgebung erleichtert den Einstieg für Entwickler und unterstützt den gesamten Entwicklungsprozess.
2. *ABAP and CDS:* Die Kombination aus ABAP und Core Data Services (CDS) ermöglicht standardisierte Implementierungsaufgaben und eine effiziente Entwicklung.
3. *Frameworks:* Das RAP-Modell übernimmt technische Implementierungsaufgaben und erlaubt die Integration von Geschäftslogik in codebasierten Exits.

Durch diese Hauptkomponenten bietet das RAP-Modell eine robuste Grundlage für moderne Anwendungsarchitekturen.

3.1.2 Die Dreischichtenarchitektur im RAP-Modell

Das RAP definiert eine Dreischichtenarchitektur für eine effiziente End-to-End-Entwicklung von speziell für SAP HANA optimierten OData-Services, einschließlich Fiori-Apps. Es bietet Entwicklern eine effiziente Möglichkeit, unternehmensfertige OData-basierte Fiori-UI-Services und Web-APIs zu erstellen.

Im Rahmen unserer Entwicklung mit dem RAP wenden wir einen Bottom-up-Ansatz an. Die Schlüsselkomponenten dieses Ansatzes sind in Abbildung 3.1 dargestellt, in der die Hauptentwicklungsartefakte für die Erstellung eines OData-Service innerhalb einer Dreischichtenarchitektur aufgezeigt werden. Diese Komponenten und deren Funktionen im Entwicklungsprozess werden wir im Folgenden näher erläutern.

Service Consumption

Business Services Provisioning

ata Modeling & Behavior

SAP Fiori
Konsumieren des OData-UI-Service

API-Integration
OData-Konsumierung

Service Binding
- Binding der Service Definition
- Angabe Protkollversion und -szenario

Service Definition – Exponieren (Expose) der Entitäten

Business Object Projection
- CDS: Projektion der Views
- BDEF: Behavior-Projektion
- ABAP: Behavior-Implementierung

Business Objects
- CDS: Daten-Modellierung
- BDEF: Behavior-Definition
- ABAP: Behavior-Implementierung

Abbildung 3.1: Dreischichtenarchitektur

1. *Data Modeling & Behavior:* In dieser Schicht definieren Sie das Datenmodell, das die Grundlage bildet. Dabei werden sogenannte Entitäten für ein Geschäftsszenario modelliert. In dem ABAP-Flight-Reference-Modell wären das beispielsweise eine Reise oder eine Buchung. Entitäten können Beziehungen untereinander aufweisen, eine Reise kann beispielsweise mehrere Buchungen enthalten. In diesem Fall hätten wir eine Eltern-Kind-Beziehung. Für die Modellierung des Datenmodells werden Core Data Services (CDS) genutzt, mittels derer sogenannte View Entities erstellt werden. Diese spielen eine zentrale Rolle im RAP. Zu einer View Entity wird ein Verhalten – das sogenannte Behavior – definiert. Dieses beinhaltet jene Operationen, die auf den Daten ausgeführt werden können, wie z. B. CRUD, Actions, Functions etc. Diese Behaviors werden mit ABAP implementiert.

2. *Business Services Provisioning:* Aufbauend auf den Datenmodellen aus der ersten Schicht werden nun die sogenannten projizierten Objekte angelegt. Dabei wird eine eingeschränkte Sicht des Datenmodells mittels CDS erstellt. Diese sogenannten Projection Views (aka Consumption Views) werden für einen spezifischen Anwendungsfall modelliert. Dies ermöglicht die schlanke Darstellung eines Geschäftsprozesses. Zu der Projection View wird das projizierte Verhaltenspendant erstellt: das sogenannte Projection Behavior, in das die für den Anwendungsfall spezifischen Operationen aufgenommen werden. Abschließend wird ein Service erstellt, der aus einer Service Definition und einem Service Binding besteht. Einerseits erfolgt in der Service Definition die sogenannte Exponierung der Entitäten, d. h., es werden jene Entitäten in die Service Definition aufgenommen, die im Service zur Verfügung gestellt werden. Auf einer Service Definition basierend, gestattet das Service Binding die externe Nutzung des Geschäftsobjekts über OData V2/V4 oder eine Web-API.

3. *Service Consumption:* Diese Schicht ist der Ort, an dem der OData-Service für verschiedene Clients verfügbar gemacht wird. Er kann als UI-Service dienen, der von SAP-Fiori-Elements-Applikationen genutzt wird, oder als Web-API, die als öffentliche Schnittstelle zugänglich ist und von jedem OData-Client angebunden werden kann. Die Web-API stellt die Daten ohne spezifische UI-Informationen in ihren Metadaten bereit und ist somit für die Konsumierung durch Clients geeignet.

Die Dreischichtenarchitektur im RAP ermöglicht eine klare Trennung der Verantwortlichkeiten, optimiert den Entwicklungsprozess und fördert die Erstellung skalierbarer und wartbarer OData-Services, die speziell auf die Optimierung für SAP HANA zugeschnitten sind.

3.2 Business Object

3.2.1 Theoretische Grundlagen

Business Objects (BO) im Kontext des RAP sind reale Artefakte von Unternehmensanwendungen, die eine bestimmte Geschäftsentität repräsentieren. Eine Purchase Order (PO) oder Sales Order in SAP sind ein perfektes Exempel für BO im RAP. Sie stellen wichtige Bestandteile einer Anwendung dar, die strukturierte Informationen über die entsprechenden Geschäftsprozesse enthalten.

Mithilfe der Abbildung 3.2 möchten wir Ihnen den groben Aufbau eines BO erklären.

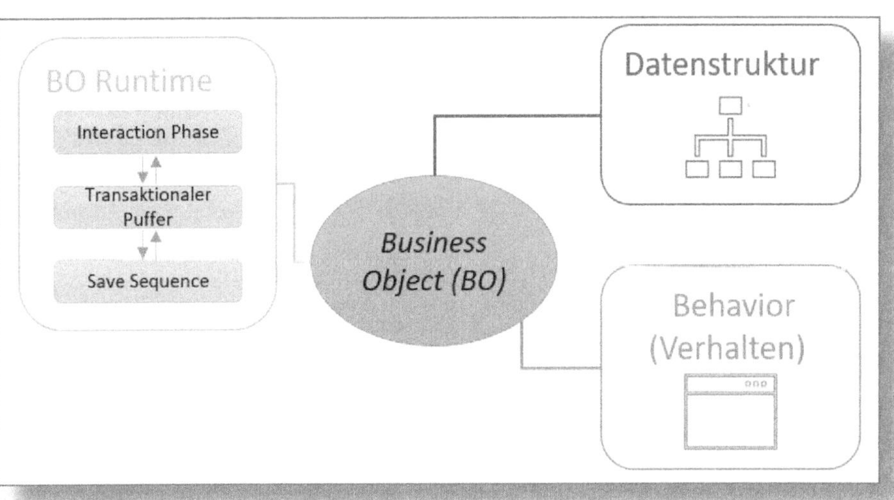

Abbildung 3.2: Business Object – Aufbau

Formal gesehen hat ein Business Object drei Charakteristika:

1. *Datenstruktur:* Die Struktur eines BO wird durch die relationalen Zusammenhänge in einer Baumstruktur definiert. Beim Flight-Reference-Modell beispielsweise können verschiedene Entitäten wie

Flüge, Passagiere und Flugbuchungen verbunden werden, um ein umfassendes Bild der Flugdaten darzustellen. In der ABAP-Umgebung werden diese Strukturen mittels CDS-Entitäten modelliert, die eine klare, leicht verständliche und gut wartbare Basis für das Datenmodell bieten.

2. *Behavior:* Darüber hinaus verfügen BO über definiertes Verhalten (Behavior). Dies umfasst im Generellen alle grundlegenden und applikationsspezifischen Operationen (CRUD, Actions, Functions), die für die Geschäftslogik der Anwendung relevant sind. Ebenso werden ETag, Autorisierungen, Feature Control und Drafting-Funktionalität im Verhalten definiert. Das Behavior eines BO dient der nahtlosen Integration von Geschäftslogik und Datenmodellierung. Die Behaviors werden in Abschnitt 3.3 eingehender behandelt.

3. *BO Runtime:* Während der Laufzeit durchläuft ein BO die sogenannte BO Runtime. In dieser Phase werden verschiedene Operationen auf das Objekt angewendet. Die Änderungen werden zunächst in einem transaktionalen Puffer (TX Buffer) zwischengespeichert, um mehrere Operationen effizient zu verarbeiten. Erst am Ende einer Transaktion erfolgt das dauerhafte Speichern der Daten in einer festgelegten Reihenfolge (Save Sequence) in die Datenbank.

Die Verwendung von BO im RAP ermöglicht es Entwicklern, robuste und erweiterbare Unternehmensanwendungen zu erstellen. Die klare Strukturierung der Daten in BO, die Trennung von Geschäftslogik und Datenmodellierung sowie die effiziente Verarbeitung von Operationen tragen dazu bei, Anwendungen von hoher Qualität zu entwickeln. In Kombination mit dem RAP-Modell stellt dies eine moderne und datenbankgestützte Entwicklung von Unternehmensanwendungen in der ABAP-Umgebung von SAP sicher.

3.2.2 Anlage des Flight-BO-Datenmodells

Im Zuge dieses Abschnitts werden wir das BO-Datenmodell zum Flight-Reference-Modell anlegen, das die Grundlage für unsere Entwicklungen bietet.

Im ersten Schritt erzeugen Sie ein Neues Paket `ZRAP_FLIGHT` an, in dem wir unseren weiteren Entwicklungen vornehmen werden. Dazu machen wir, wie in Abbildung 3.3 gezeigt, einen Rechtsklick auf unser System und wählen den Punkt NEW ❶ sowie anschließend ABAP PACKAGE ❷.

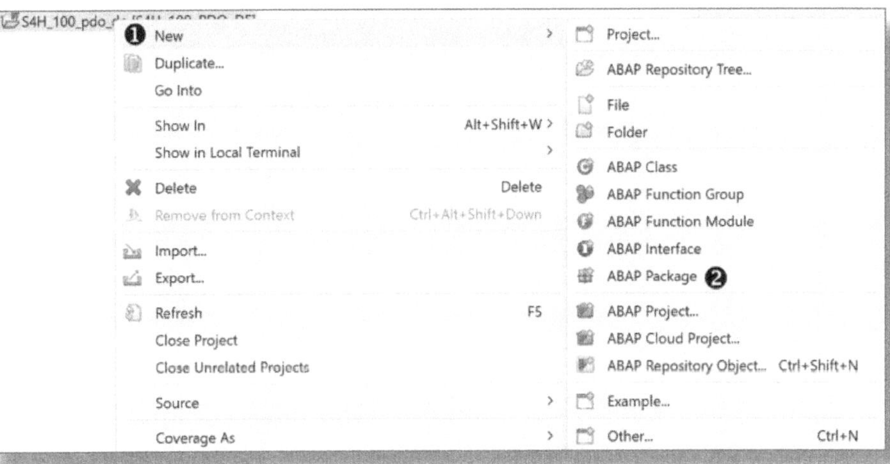

Abbildung 3.3: Neues ABAP-Paket anlegen 1

In dem Anlagedialog (siehe Abbildung 3.4) vergeben wir den Namen *ZRAP_FLIGHT* ❶, die Beschreibung *RAP Flight Modell* ❷ und bestätigen mit der Schaltfläche NEXT ❸.

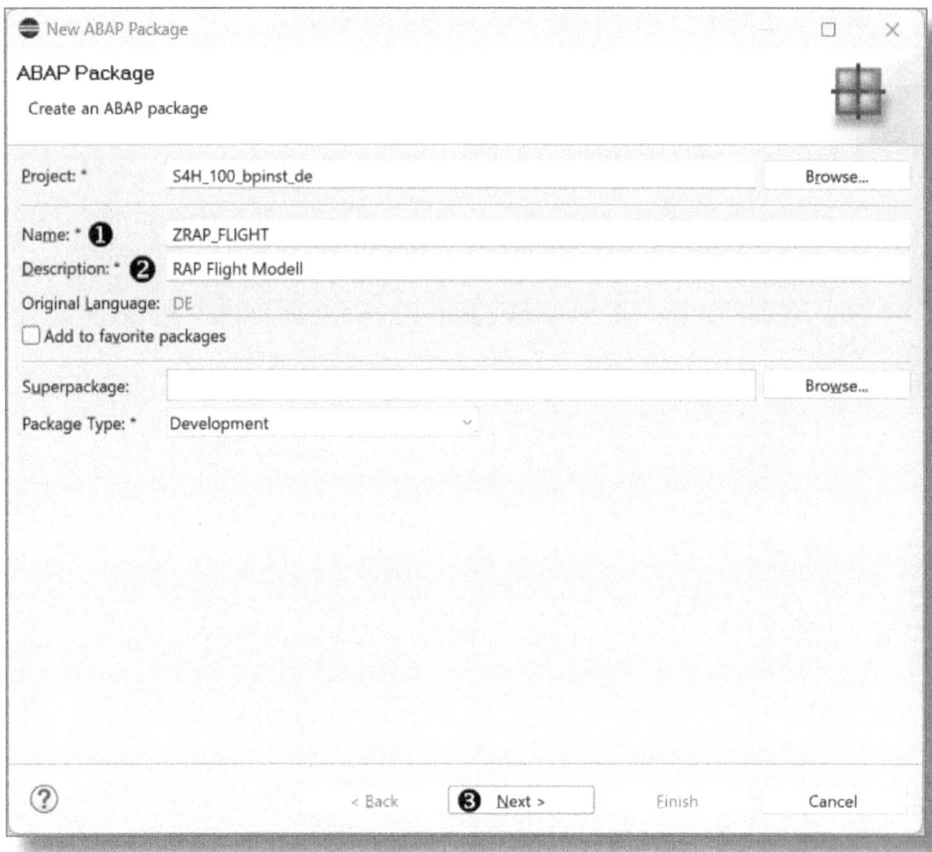

Abbildung 3.4: Neues ABAP-Paket anlegen 2

Im nächsten Schritt (siehe Abbildung 3.5) wählen wir die Softwarekomponente *HOME* ❶ und bestätigen mit einem Klick auf NEXT ❷.

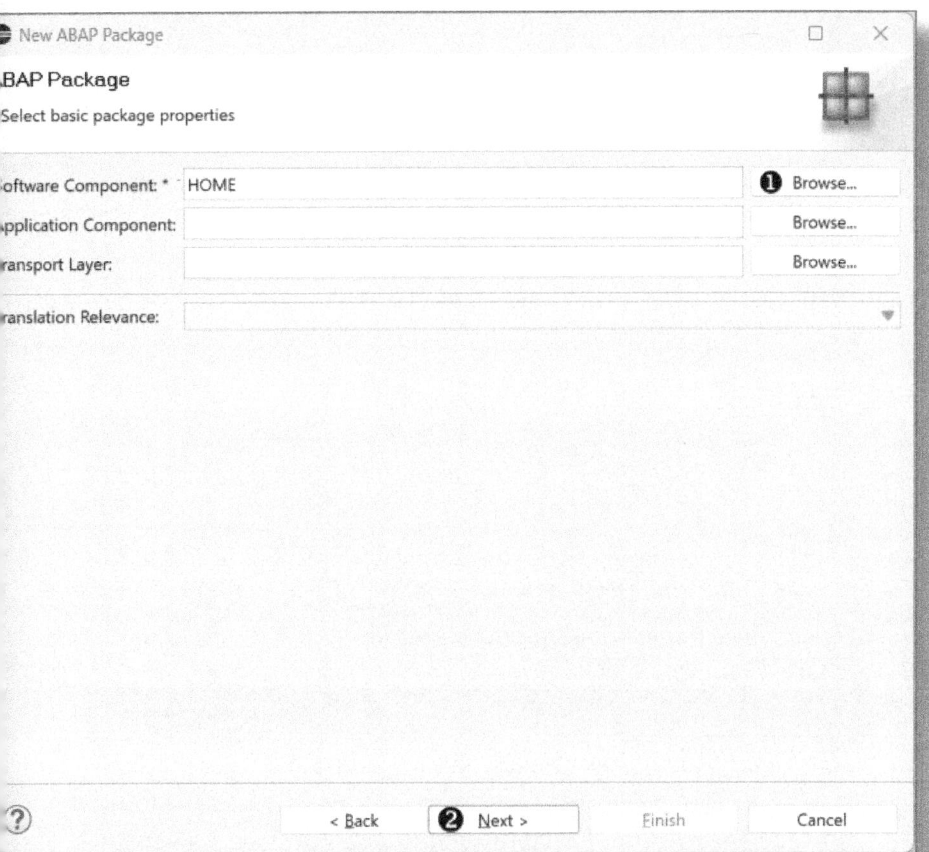

Abbildung 3.5: Neues ABAP-Paket anlegen 3

Bevor das Paket angelegt werden kann, müssen wir, wie in Abbildung 3.6 gezeigt, im letzten Schritt noch einen bestehenden Transportauftrag ❶ auswählen oder einen neuen erstellen ❷. Anschließend legen wir das Paket mithilfe der Schaltfläche FINISH ❸ an.

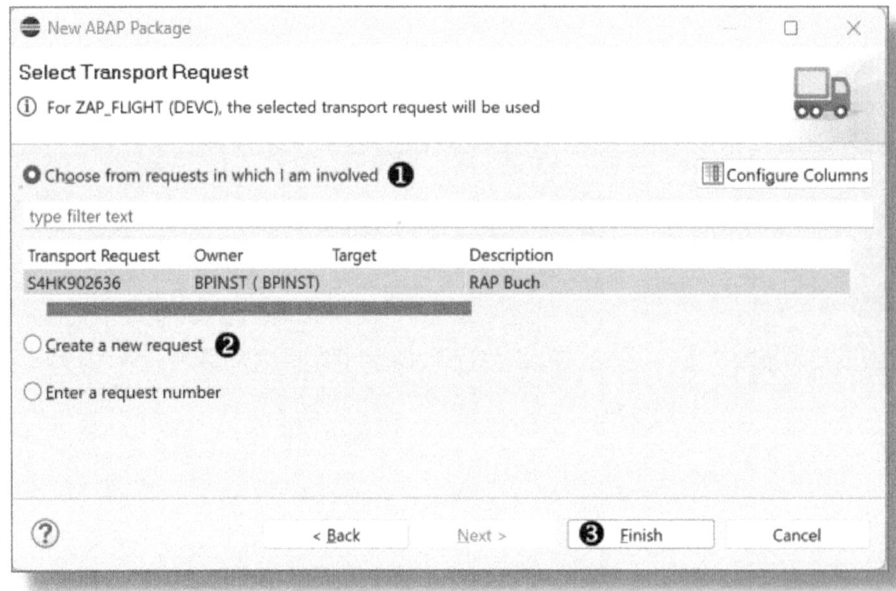

Abbildung 3.6: Transportauftrag auswählen

Paket zu den Favoriten hinzufügen

Sie können das angelegte Paket in Eclipse Ihren Favoriten hinzufügen – dadurch finden Sie es zukünftig schneller. Hierzu gelangen Sie über einen Rechtsklick auf FAVORITE PACKAGES und wählen im Kontextmenü ADD PACKAGE aus. In der Suche nach dem Paket können Sie den Paketnamen *ZRAP_FLIGHT* angeben.

Nachdem wir das Paket ZRAP_FLIGHT in Eclipse geöffnet haben, erstellen wir eine neue CDS-View. Hierfür setzen wir per Rechtsklick auf das Paket den Menüpunkt NEW ❶ und klicken anschließend auf OTHER ABAP REPOSITORY OBJECT ❷ (siehe Abbildung 3.7).

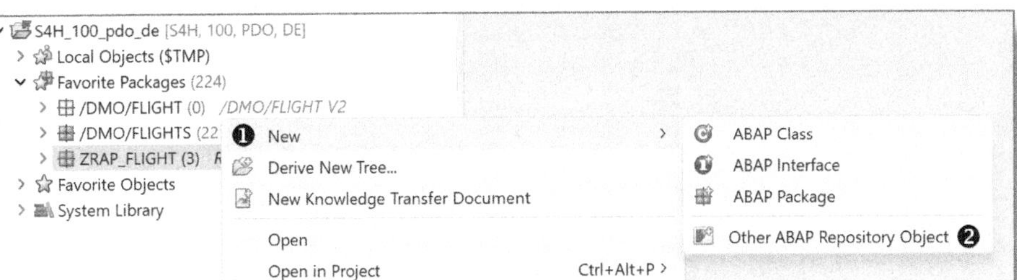

Abbildung 3.7: Neues ABAP-Repository-Objekt anlegen

In dem Anlagedialog (siehe Abbildung 3.8) gelangen wir zum Typ DATA DEFINITION ❶, indem wir die Suche benutzen und den Teilbegriff *Data De* eingeben. Anschließend wählen wir diesen Typ aus und bestätigen mit der Schaltfläche NEXT ❷.

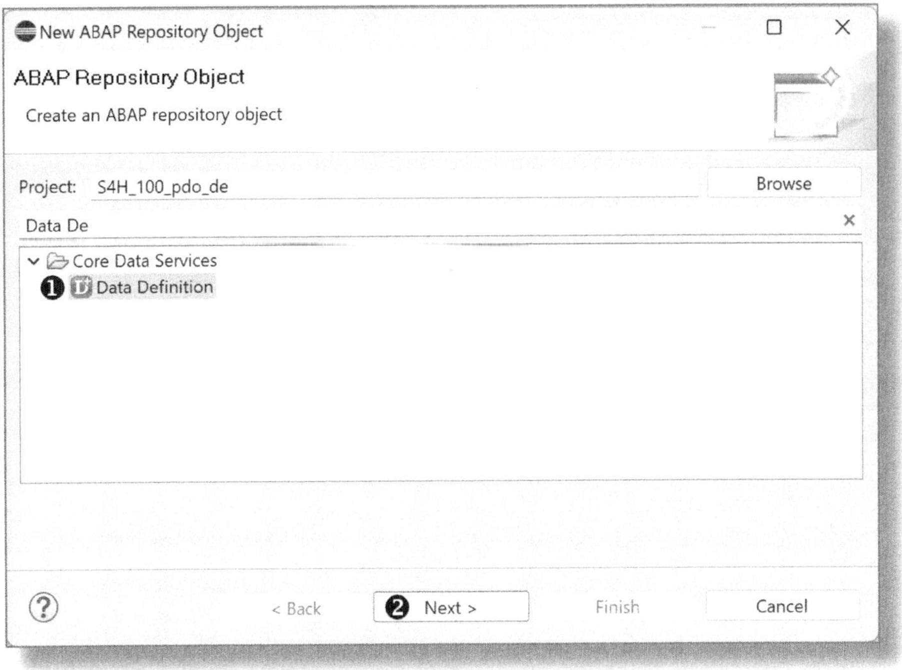

New ABAP Repository Object
ABAP Repository Object
Create an ABAP repository object
Project: S4H_100_pdo_de
Browse
Data De
Core Data Services
❶ Data Definition
< Back
❷ Next >
Finish
Cancel

Abbildung 3.8: Data Definition anlegen

Im nächsten Schritt vergeben wir, wie in Abbildung 3.9 gezeigt, den Namen *Z_I_TRAVEL* ❶ sowie eine Beschreibung ❷ und bestätigen die Eingaben mit NEXT ❸.

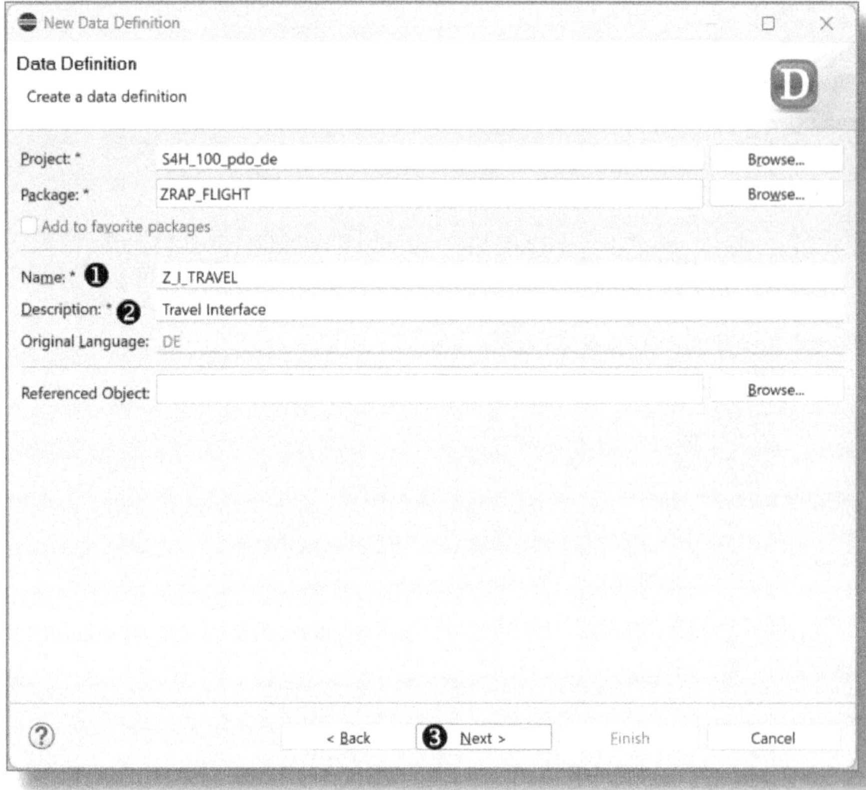

Abbildung 3.9: Neue Datendefinition

! Immer mit »Next« statt »Finish« bestätigen

Bitte klicken Sie im weiteren Verlauf des Wizard nur auf die Schaltfläche NEXT. Wenn Sie im nächsten Schritt bei der Transportauswahl direkt auf FINISH klicken, wird ggf. ein falscher Entitätstyp angelegt, und Sie müssen von vorne starten.

Nachdem wir den Transport bestimmt haben, gelangen wir zur Template-Auswahl (siehe Abbildung 3.10). Wir markieren das Template DEFINE ROOT VIEW ENTITY ❶ und bestätigen die Auswahl mit FINISH ❷.

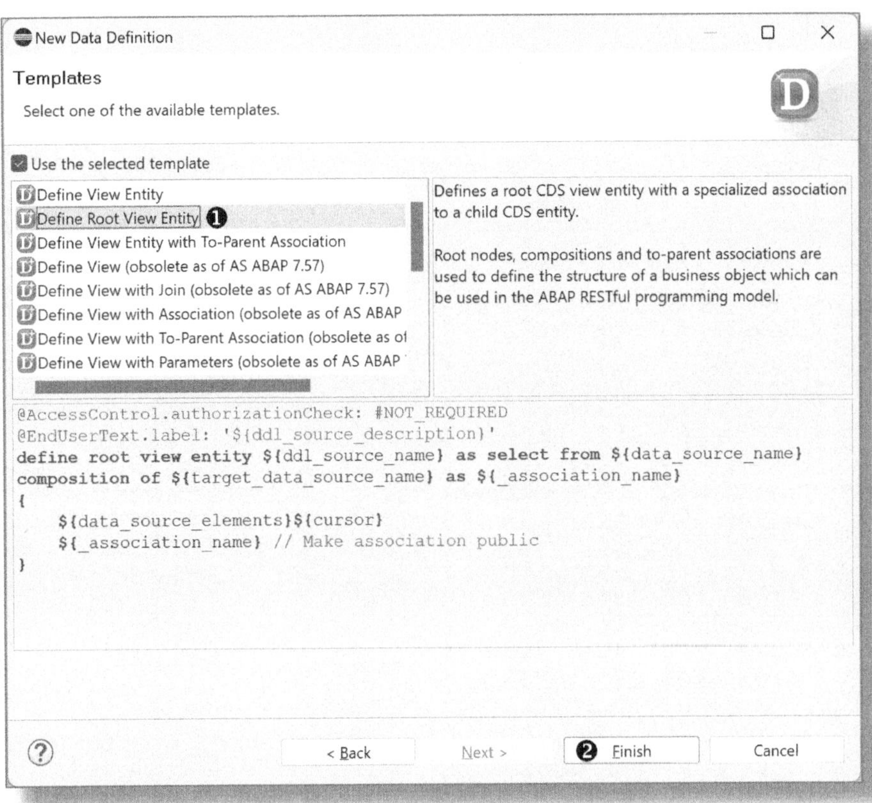

Abbildung 3.10: Root View Entity Template auswählen

Es wurde eine Interface View mit dem Namen `Z_I_TRAVEL` erstellt. Diese Interface View fungiert als Schnittstelle, um Daten aus der zugrunde liegenden Datenbanktabelle abzurufen und zu verwalten. Wir müssen nun Änderungen an der generierten View vornehmen, sodass diese auf der Datenbanktabelle `/DMO/TRAVEL` basiert.

Die Interface View `Z_I_TRAVEL` sollte gezielt Felder aus der Tabelle beinhalten, die für unsere Anwendungslogik von Bedeutung ist. Bei der

Gestaltung ist es entscheidend, sorgfältig auszuwählen, welche Felder in der Applikation und im Service präsentiert werden sollen.

Im Quellcode-Exempel von Listing 3.1 sehen Sie die CDS-Syntax für die neue Interface View.

```
@AccessControl.authorizationCheck: #NOT_REQUIRED
@EndUserText.label: 'Travel Interface'
define root view entity Z_I_TRAVEL
as select from /dmo/travel
{
  key travel_id as TravelId,
  agency_id as AgencyId,
  customer_id as CustomerId,
  begin_date as BeginDate,
  end_date as EndDate,
  booking_fee as BookingFee,
  total_price as TotalPrice,
  currency_code as CurrencyCode,
  description as Description,
  status as Status,
  createdby as Createdby,
  createdat as Createdat,
  lastchangedby as Lastchangedby,
  lastchangedat as Lastchangedat
}
```

Listing 3.1: Interface View »Z_I_TRAVEL«

☛ CDS-View Entity versus DDIC-basierte CDS-View

Wir nutzen hier das Konzept der *View Entity* bzw. *Root View Entity*. Dabei ist wichtig zu verstehen, was der Unterschied zu der herkömmlichen DDIC-basierten CDS-View ist. Die CDS-View Entity ist der Nachfolger der klassischen DDIC-basierten CDS-View und zeichnet sich durch subtile Verbesserungen und erweiterte Funktionalitäten aus.

Wir legen nun eine zweite CDS-View mit dem Namen *Z_C_TRAVEL* an, die sogenannte Projection View. Hierbei handelt es sich um eine projizierte Ansicht auf die zuvor erstellte Interface View Z_I_TRAVEL. Das ermöglicht uns, Daten spezifisch für besondere Anforderungen gefiltert, harmonisiert und spezifiziert darzustellen, ohne die grundlegende Datenstruktur zu ändern. So entsteht eine flexiblere und maßgeschneiderte Präsentation der Daten für bestimmte Anwendungsfälle. Im nächsten Schritt vergeben wir, wie in Abbildung 3.11 gezeigt, den NAMEN *Z_C_TRAVEL* ❶ sowie die DESCRIPTION *Travel Projection View* ❷ und bestätigen Eingaben mit der Schaltfläche NEXT ❸.

Abbildung 3.11: Projection View »Z_C_TRAVEL« anlegen

Bei der Template-Auswahl, wie in Abbildung 3.12 zu sehen, wählen wir DEFINE PROJECTION VIEW ❶ aus und bestätigen die Auswahl mit FINISH ❷.

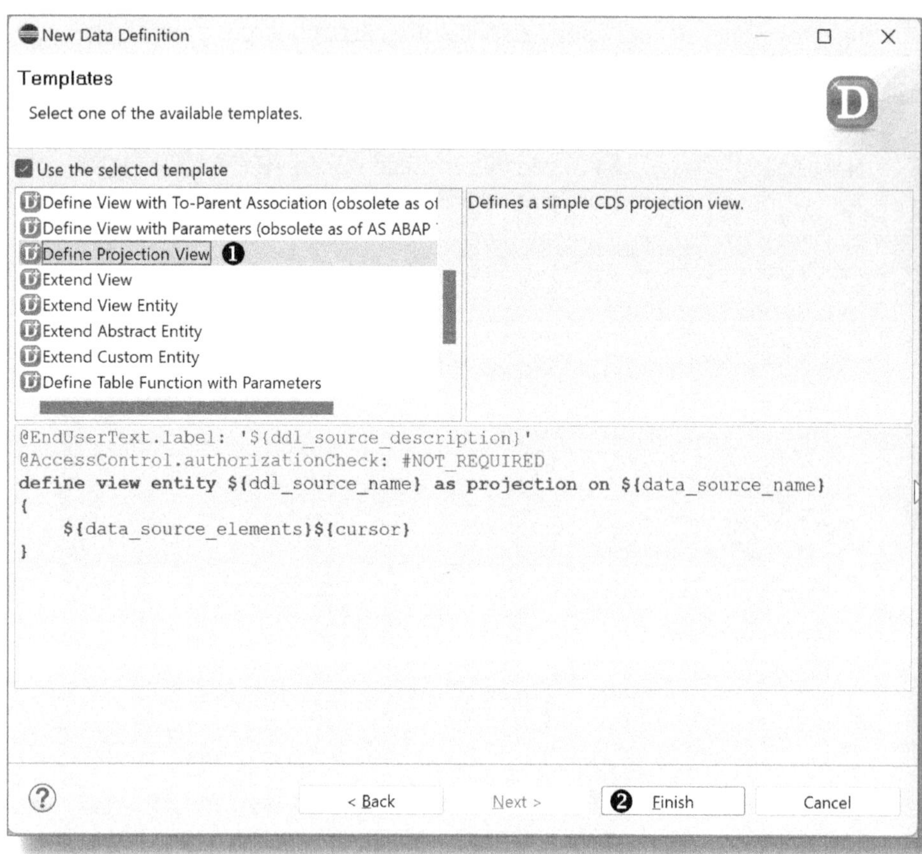

Abbildung 3.12: Projection View Template auswählen

Im Quellcode-Exempel von Listing 3.2 sehen wir die CDS-Syntax für die neue Projection View.

```
@AccessControl.authorizationCheck: #NOT_REQUIRED
@EndUserText.label: 'Travel Projection View'
define root view entity Z_C_TRAVEL
  provider contract transactional_query
  as projection on Z_I_TRAVEL
{
  @UI.facet: [ {
    id: 'idIdentification',
    type: #IDENTIFICATION_REFERENCE,
    label: 'Travel',
    position: 10
  } ]
  @UI: { lineItem: [{ position: 10 }],
         identification: [{ position: 10 }],
         selectionField: [{ position: 10 }] }
  key TravelId,
  @UI: { lineItem: [{ position: 20 }],
         identification: [{ position: 20 }] }
  AgencyId,
  @UI: { lineItem: [{ position: 30 }],
         identification: [{ position: 30 }],
         selectionField: [{ position: 20 }] }
  CustomerId,
  @UI: { lineItem: [{ position: 40 }],
         identification: [{ position: 40 }] }
  BeginDate,
  @UI: { lineItem: [{ position: 50 }],
         identification: [{ position: 50 }] }
  EndDate,
  @UI: { lineItem: [{ position: 60 }],
         identification: [{ position: 60 }] }
  BookingFee,
  @UI: { lineItem: [{ position: 70 }],
         identification: [{ position: 70 }] }
  TotalPrice,
  @UI: { lineItem: [{ position: 80 }],
         identification: [{ position: 80 }] }
```

```
    CurrencyCode,
    @UI: { lineItem: [{ position: 90 }],
           identification: [{ position: 90 }] }
    Description,
    @UI: { lineItem: [{ position: 100 }],
           identification: [{ position: 100 }] }
    Status,
    Createdby,
    Createdat,
    Lastchangedby,
    Lastchangedat
}
```

Listing 3.2: Projection View »Z_C_TRAVEL«

In unserem Falle nehmen wir alle Felder der Interface View in die Projection View auf. Es wäre theoretisch möglich, nur einige davon aufzunehmen, die wir für unsere Applikation benötigen. Zum Schluss aktivieren wir die Projection View `Z_C_TRAVEL` durch die Schaltfläche .

Im CDS-Umfeld lassen sich Annotationen definieren. In unserem Fall haben wir dies direkt in der Projection View getan. Wir möchten hier darauf hinweisen, dass wir beim Leser Grundwissen über CDS-Annotationen voraussetzen.

☛ Weiterführende Informationen zu CDS

Für weiterführende Informationen rund um das Thema CDS lesen Sie das Buch »SAP-Praxishandbuch ABAP Core Data Services (CDS)« (Gerbershagen, Espresso Tutorials, 2020): *http://5426.espresso-tutorials.de.*

Als Kunde unserer SAP-Lernplattform ET.TRAINING können Sie sich außerdem das Video »SAP Core Data Services für Entwickler« (Sprenger) ansehen: *https://et.training/dashboard/product/video/1513.*

3.3 Behavior: Definition & Implementierung

3.3.1 Theoretische Grundlagen

Die *Behavior Definition* und deren Implementierung in einem Business Object (BO) lässt sich metaphorisch mit Prinzipien aus der Verhaltenspsychologie eines Hundes vergleichen. Ähnlich wie ein Hund auf spezifische Reize reagiert, die durch Training und Konditionierung geformt werden, geht es hier um die Festlegung möglicher Actions oder Verhaltensweisen, die auf ein BO angewendet werden können.

Behavior Definition (Verhaltensdefinition)

In der Verhaltenspsychologie eines Hundes wird das Verhalten in bestimmten Situationen gezielt definiert. Zum Beispiel kann ein Hund lernen, sich auf das Kommando »Sitz!« hinzusetzen. Dieses Verhalten wird durch klare Anweisungen festgelegt. In ähnlicher Weise legt die Behavior Definition im RAP-Modell fest, welche Actions und Attribute auf ein BO angewendet werden können. Einerseits können das grundlegende CRUD-Operationen (CREATE, READ, UPDATE, DELETE) sein, die das Erstellen, Lesen, Aktualisieren und Löschen von Einträgen durchführen, sowie benutzerdefinierte geschäftsrelevante Actions. Andererseits können entitätsspezifische Attribute definiert werden, wie beispielsweise ETag für Datenkonsistenz, die Berechtigung für Zugriffsberechtigungen, Feature Control zur dynamischen Steuerung spezifischer Funktionen oder Lock zur Verwaltung von Datensperren und Drafting. Die Behavior Definition wird mit der sogenannten *Behavior Definition Language (BDL)* modelliert. BDL ist eine neu eingeführte Sprache im RAP-Modell, die CDS-ähnlich ist.

Behavior-Implementierung (Verhaltensimplementierung)

Die Umsetzung des definierten Verhaltens erfordert Training und Ausführung. Ein Hund lernt, auf das Sitz-Kommando zu reagieren, indem er die Anweisung wiederholt ausführt und belohnt wird. In einem BO wird die Behavior-Implementierung durch einen ABAP-Code realisiert. Dieser Code definiert, wie die Actions, die in der Behavior Definition festgelegt sind, tatsächlich ausgeführt werden. Beispielsweise kann die Implementierung einer Approve-Action die Zustimmung eines Vorgesetzten erfordern und dann den Status eines BO-Datensatzes ändern. Die Behavior-Implementierung erfolgt mithilfe von ABAP-Code in einer gewöhnlichen ABAP-Klasse.

Parallele zur Verhaltenspsychologie

Ähnlich wie das Verhalten eines Hundes durch konsequente Anweisungen und Belohnungen geformt wird, ermöglicht die Definition und Implementierung von Behavior im RAP-Modell die gezielte Steuerung der möglichen Actions auf ein BO. Dies fördert eine konsistente und vorhersagbare Verhaltensweise des Systems, wie bei einem trainierten Tier, das vorhersehbar auf bestimmte Reize reagiert. Die Analogie zur Verhaltenspsychologie verdeutlicht, wie präzise Definition und Umsetzung des Verhaltens in einem BO eine reibungslose und zielgerichtete Geschäftslogik ermöglichen.

Managed versus Unmanaged Behavior

Im Kontext der Behaviors werden drei primäre Verhaltensweisen definiert, um die Handhabung und Verwaltung von Daten in RAP-Anwendungen zu spezifizieren.

Managed Behavior

Das *Managed Behavior* repräsentiert den Standardmodus in RAP-Entwicklungsprojekten. In diesem Modus übernimmt das RAP-Framework die automatisierte Steuerung der Datenverwaltung und -validierung. Dies bedeutet, dass CRUD-Operationen weitgehend von der SAP-Standard-Framework-Logik gesteuert werden. Das Framework führt umfassende Überprüfungen der Eingabedaten auf Richtigkeit und Vollständigkeit durch, verwaltet Transaktionen zur Gewährleistung der Datenkonsistenz, behandelt auftretende Fehler und kontrolliert automatisch die Berechtigungen für Datenzugriffe. Der Managed-Behavior-Ansatz sollte in den meisten Fällen die erste Wahl sein, da er die umfassendsten Funktionen und Sicherheitsmechanismen bietet.

Managed with Unmanaged Save

Das Managed Behavior kennt auch die Option *Managed with Unmanaged Save*. Dieser Ansatz erlaubt die Kombination von automatisierter Datenverwaltung im Managed-Modus mit der Möglichkeit, CRUD-Operationen unabhängig zu steuern und zu optimieren, insbesondere für bestimmte Speicher- oder Performance-Anforderungen. Die Unmanaged-Save-Funktion sollte jedoch mit Bedacht verwendet werden, da sie eine höhere Entwicklerverantwortung für den Speichervorgang mit sich bringt. Sie ist in speziellen Fällen in Betracht zu ziehen, z. B., wenn eine Operation über mehrere Datenbanktabellen prozessiert, d. h., wenn während des CREATE, UPDATE oder DELETE andere Tabellen geschrieben werden müssen.

Unmanaged Behavior

Das Unmanaged Behavior sollte i. d. R. nur als letzte Option (Ultima Ratio) in Betracht gezogen werden. In diesem Modus sind Entwickler selbst für die Implementierung von CRUD-Operationen, Validations, Transaktionsmanagement und Berechtigungsprüfungen verantwortlich. Dieser Modus bietet die höchste Anpassbarkeit, sollte jedoch nur dann verwendet werden, wenn die Anforderungen außergewöhnlich komplex oder speziell sind und die Standardfunktionalität des RAP-Frameworks nicht ausreicht.

Verhaltensimplementierung für die Consumption View

Im RAP wird die Behavior Definition speziell auf das Datenmodell zugeschnitten, das in der Consumption View genutzt wird. Diese angepasste Behavior Definition ergänzt deren Daten und Funktionen und bildet eine Teilmenge der Behavior Definition der Interface View. Das bedeutet, die Consumption View hat keine eigene Behavior-Implementierung; stattdessen bedient sie sich der Behavior Definition der Interface View, die bereits alle erforderlichen Operationen und Funktionen definiert.

Während die Behavior Definition für die Consumption View projiziert und angepasst wird, bleibt die Behavior-Implementierung, die tatsächlich alle Operationen und Funktionen ausführt, unverändert. Die projizierte Behavior Definition der Consumption View greift auf die Funktionen der Behavior-Implementierung der Interface View zu, um die benötigten Aktionen und Operationen für das BO bereitzustellen. Dadurch wird eine effiziente und zielgerichtete Funktionalität in der Consumption View sichergestellt, ohne dass eine separate Implementierung erforderlich ist. Dies erleichtert die Entwicklung und gewährleistet die Konsistenz der Geschäftslogik über verschiedene Views hinweg.

Beispielsweise haben Sie eine Interface View, die die Actions definiert und implementiert. Die Consumption View nutzt diese Definitionen, hat aber keine eigene Implementierung der Actions; sie greift stattdessen auf die bereits definierte Action und deren Implementierung in der Interface View zurück.

3.3.2 Anlage der Behavior

Im Zuge dieses Abschnitts werden wir die Definition und Implementierung des Behavior für das zuvor angelegte BO-Datenmodell zum Flight-Reference-Modell vornehmen.

Zuerst erstellen wir eine neue Behavior Definition für die Interface View des Travel-Datenmodells (Z_I_TRAVEL). Hierfür führen wir einen Rechtsklick auf die CDS-View Z_I_TRAVEL aus und wählen den Menüpunkt NEW BEHAVIOR DEFINITION (siehe Abbildung 3.13).

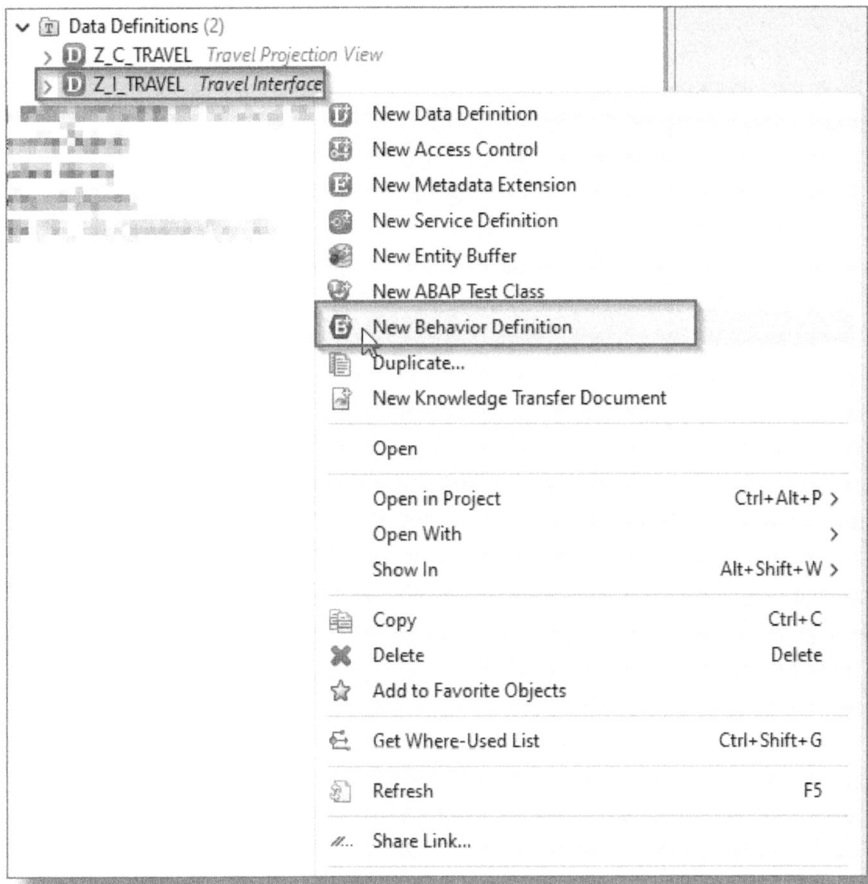

Abbildung 3.13: Behavior Definition anlegen

In dem Anlagedialog, wie in Abbildung 3.14 zu sehen, vergeben wir die DESCRIPTION *Travel Interface Behavior Definition* ❶ und den IMPLEMENTATION TYPE *Managed* ❷. Anschließend bestätigen wir die Auswahl mit der Schaltfläche NEXT ❸.

Abbildung 3.14: Behavior Definition – Anlagedialog

In Listing 3.3 sehen Sie die BDL-Syntax für die neu angelegte Behavior Definition `Z_I_TRAVEL`. Wir haben den Namen der Klasse zu `ZCL_I_TRAVEL` der Konformität angepasst. Zusätzlich haben wir ein Mapping für die Zuordnung der Datenbank- zu den Entitätsfeldern ergänzt.

```
managed implementation in class zcl_i_travel unique;
strict;
define behavior for Z_I_TRAVEL //alias <alias_name>
persistent table /DMO/TRAVEL
lock master
authorization master ( instance )
//etag master <field_name>
{
  create;
  update;
  delete;

  mapping for /dmo/travel
  {
    TravelId = travel_id;
    AgencyId = agency_id;
    BeginDate = begin_date;
    BookingFee = booking_fee;
    Createdat = createdat;
    Createdby = createdby;
    CurrencyCode = currency_code;
    CustomerId = customer_id;
    Description = description;
    EndDate = end_date;
    Lastchangedat = lastchangedat;
    Lastchangedby = lastchangedby;
    Status = status;
    TotalPrice = total_price;
  }
}
```

Listing 3.3: Behavior Definition

Die Behavior Definition Language (BDL), die neue Sprache für die Behavior Definitions, ermöglicht eine deklarative und lesbarere Art der Verhaltensdefinition, anders als die traditionelle ABAP-Syntax. BDL verwendet JSON-ähnliche Strukturen, um das Verhalten zu beschreiben.

Für die Erklärung dessen gehen wir auf die Syntax der generierten Behavior Definition etwas näher ein:

- `managed implementation in class zcl_i_travel unique`: Dies gibt an, dass die Implementierung des Verhaltens in der ABAP-Klasse zcl_i_travel erfolgt. Das `unique`-Schlüsselwort bedeutet, dass nur eine Instanz dieser Klasse erlaubt ist.
- `strict`: Im Strict Mode wird sichergestellt, dass BO den Best Practices folgen und sowohl lebenszyklusstabil als auch Upgrade-sicher sind. Die Codebestandteile `strict` oder `strict(2)` erzwingen strengere Regeln und Syntaxprüfungen, die sicherstellen, dass nur explizit deklarierte Operationen und Felder verwendet werden. Es wird empfohlen, stets die neueste Version des Strict Mode zu verwenden, um die strengsten Prüfungen und Best Practices zu gewährleisten.
- `define Behavior for Z_I_TRAVEL`: Hier wird das Verhalten für die Schnittstelle `Z_I_TRAVEL` definiert.
- `persistent table /DMO/TRAVEL`: Dieser Teil gibt an, welche Datenbanktabelle die Basis für die Schnittstelle ist. In diesem Fall handelt es sich um die Datenbanktabelle `/DMO/TRAVEL`.
- `lock master`: Dieser legt fest, dass Locks auf der Master-Datenebene verwendet werden. Das bedeutet, dass die Sperren auf der Ebene der gesamten Datensätze in der Tabelle verwaltet werden.
- `authorization master ( instance )`: Dieser Abschnitt definiert die Art der Autorisierungsprüfung. In diesem Fall wird eine Autorisierungsprüfung auf der Instanzebene durchgeführt, dass also die Berechtigungen für den Zugriff auf eine bestimmte Datensatzinstanz überprüft werden.
- `{ create; update; delete; }`: Hier werden die Operationen definiert, die im Kontext des Managed-Modells erlaubt sind, und das Framework übernimmt dann die entsprechende Verarbeitung basierend auf den Standardregeln und der spezifischen Implementierung des Managed-Modells.

- `mapping for /DMO/TRAVEL`: In diesem Abschnitt wird definiert, wie die Felder des BO (`Z_I_TRAVEL`) denjenigen der Datenbanktabelle (`/DMO/TRAVEL`) zugeordnet werden. Jede Zuordnung (z. B. `TravelId = travel_id;`) spezifiziert, dass das Feld im BO (z. B. `TravelId`) den Daten im entsprechenden Feld der Tabelle (hier `travel_id`) entspricht. Dies ist für die Datenintegrität und korrekte Datenmanipulationen im Managed-Szenario zwingend erforderlich.

Nun haben wir eine fertige grundlegende Behavior Definition, die die Verhaltensweisen des Datenmodells `Z_I_TRAVEL` beschreibt. Als Nächstes legen wir die dazugehörige Behavior Implementation an. Hierfür können wir entweder in der Behavior Definition einen Linksklick auf den Quick Fix ( ) in Zeile 1 ausführen ❶ oder mit der Tastenkombination [Strg] + [1] das Quick-Fix-Fenster öffnen (siehe Abbildung 3.15). Anschließend doppelklicken wir auf VERHALTENSIMPLEMENTIERUNGSKLASSE ZCL_I_TRAVEL ANLEGEN ❷.

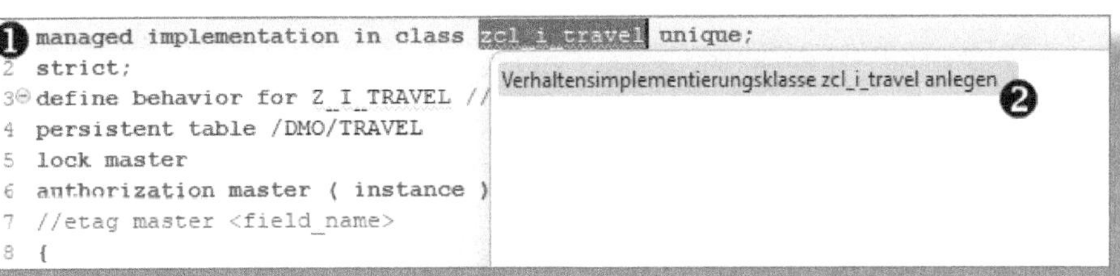

Abbildung 3.15: Behavior Implementation anlegen

Im folgenden Fenster haben wir die Möglichkeit, eine eigene Beschreibung für die Klasse ❶ anzugeben (siehe Abbildung 3.16). Anschließend bestätigen wir unsere Eingaben mit NEXT ❷. Nun befinden wir uns im Folge-Screen und müssen eventuell einen Transport angeben und beenden die Anlage mit FINISH.

Abbildung 3.16: Klasse »Behavior Implementation« – Anlagedialog

Eine bemerkenswerte Eigenschaft der Klasse »Behavior Implementation« ist, dass sie oft nicht viel Code auf der obersten Ebene enthalten. Stattdessen wird ein Großteil der spezifischen Funktionalität und Logik durch lokale Klassen innerhalb der Implementation umgesetzt. Daraus ergeben sich die nachfolgenden Vorteile:

- **Strukturierte Organisation:** Die Verwendung lokaler Klassen innerhalb der Klasse »Behavior Implementation« ermöglicht eine klar strukturierte und modulare Organisation des Codes.

Jede lokale Klasse kann für spezifische Aspekte des BO-Verhaltens verantwortlich sein, etwa für Validation, Berechnungen oder eine spezielle Geschäftslogik.

- **Wartbarkeit und Lesbarkeit:** Durch diese Trennung wird die Hauptklasse übersichtlicher und einfacher zu warten. Die tatsächliche Implementierung der verschiedenen Operationen und Geschäftslogiken ist in den zugehörigen lokalen Klassen gekapselt, wodurch sich die Lesbarkeit und Wartbarkeit des Codes verbessern.
- **Fokus auf Delegation und Kapselung:** Die Hauptklasse fungiert mehr als ein Koordinator oder Delegator, der die entsprechenden Aufgaben an die zuständigen lokalen Klassen weiterleitet. Diese Struktur fördert die Kapselung und die Wiederverwendbarkeit von Codes, da lokale Klassen spezifische Aufgaben unabhängig und isoliert von anderen Teilen der Anwendung ausführen können.

In ABAP-Klassen werden verschiedene Unterklassen verwendet, im regulären Fall nur die globale Klasse. Neben den globalen Klassen gibt es auch lokale Klassen. Traditionell wurden lokale Klassen weniger genutzt und globale Klassen für viele Anwendungen bevorzugt. Mit dem RAP gewinnen lokale Klassen jedoch an Bedeutung. Sie kapseln spezifische Geschäftslogik und verbessern die Struktur und Wartbarkeit von Business Objects. Vorteile von lokalen Klassen sind Kapselung, Modularität und Flexibilität.

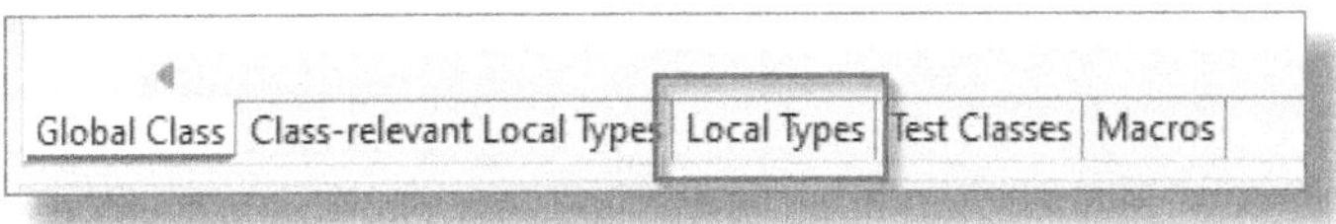

Abbildung 3.17: Reiter »Local Types«

Nun navigieren wir in den Reiter LOCAL TYPES (siehe Abbildung 3.17) und sehen, dass in unserem Fall nur die Methode `get_instance_authorizations` generiert wurde, die für die Berechtigungsprüfung von Instanzen im Zusammenhang mit der RAP-Implementierung verwendet wird. Wir sehen außerdem, dass die Methoden `create`, `update` und `delete` nicht generiert wurden, da wir die Implementation als Managed-Modell definiert haben.

Nun haben wir die Behavior-Komponenten für die Interface View `Z_I_TRAVEL` angelegt. Abschließend fehlt noch die Anlage der Behavior Definition für das projizierte Datenmodell. Hierfür führen wir einen Rechtsklick auf die CDS-View Z_C_TRAVEL ❶ aus und wählen den Menüpunkt NEW BEHAVIOR DEFINITION ❷ (siehe Abbildung 3.18).

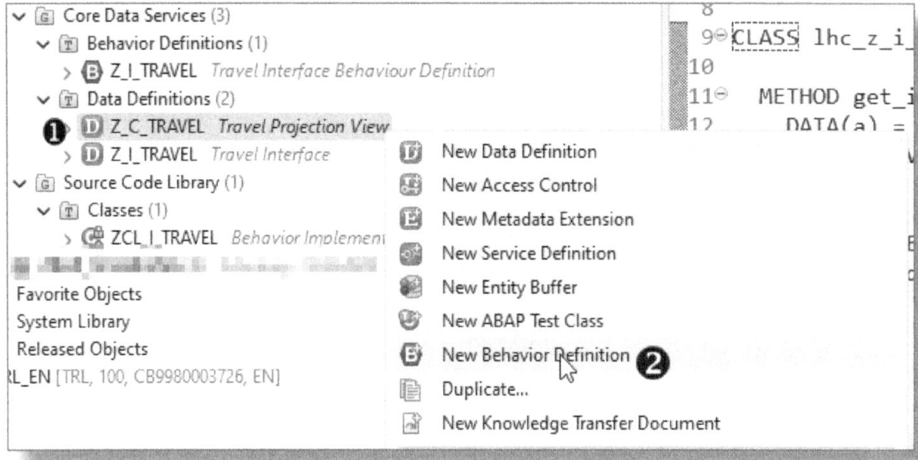

Abbildung 3.18: Behavior Definition (Projection) – Anlagedialog

Im folgenden Fenster (siehe Abbildung 3.19) tragen wir die DESCRIPTION *Travel Projection View* ❶ ein. Anschließend bestätigen wir unsere Eingaben mit NEXT ❷. Nun befinden wir uns im Folgescreen, müssen eventuell einen Transport angeben und beenden die Anlage mit FINISH.

Abbildung 3.19: Behavior Implementation (Projection) – Anlagedialog

```
projection;
strict;

define behavior for Z_C_TRAVEL //alias <alias_name>
{
  use create;
  use update;
  use delete;
}
```

Listing 3.4: Behavior Definition – Projection

In Listing 3.4 ist zu erkennen, dass die Syntax der Projection der Behavior Definition etwas gewöhnungsbedürftig ist. Man definiert in der ersten Zeile – wie das Schlüsselwort sagt – mit `projection`, dass es hierbei um eine projizierte Behavior Definition handelt. In der Klausel `define behavior` werden mithilfe von `use` jene Operationen zu der Projection hinzugefügt, die in diesem spezifischen Falle benötigt werden.

Architektonisch betrachtet ist es nicht erforderlich, dass wir eine separate Behavior Implementation für die projizierte Ansicht anlegen. Stattdessen greift die Behavior Definition der projizierten Ansicht auf die Behavior Implementation der Interface-Ansicht zurück. Die Behavior Definition der Projection View ist eine Teilmenge der Operationen, die in der Interface View definiert sind. Dadurch bedienen wir uns der Implementierung, die in der Interface View bereitgestellt wurde.

Einfach ausgedrückt: Wenn wir das Verhalten für eine projizierte View definieren, müssen wir keine komplett neue Implementierungslogik erstellen. Die Behavior Definition für die projizierte Ansicht sagt im Wesentlichen, dass wir die bereits in der Interface-Ansicht definierten Regeln und Operationen verwenden. Dies ist möglich, weil die in der Projection definierten Operationen eine Teilmenge dessen sind, was bereits in der umfassenderen Interface-Ansicht definiert wurde. Es ist eine Möglichkeit, die Implementierungslogik aus der Interface-Ansicht für den spezifischen Fall der projizierten Ansicht wiederzuverwenden.

3.4 Business Service

In diesem Abschnitt tauchen wir tiefer in die Welt der Services ein. Services sind zentrale Bestandteile des RAP und bieten eine strukturierte Möglichkeit, Geschäftslogik und Datenzugriff zu organisieren.

Business Services im RAP sind RESTful-Services, die von einem Consumer aufgerufen werden können. Ihr Wesen liegt im Expose (Exponieren) des Datenmodells mit der zugehörigen Verhaltenslogik. Ein vollständiger Business Service setzt sich aus einer Service Definition und einem Service Binding zusammen. Der Business Service ist das Endprodukt des RAP. Dieser Abschnitt beleuchtet die Konzepte von Service Definition und Service Binding, die grundlegend für die Bereitstellung von Business Services sind. Wir werden verstehen, wie diese Konzepte dazu beitragen, die Interaktion zwischen der Benutzeroberfläche und den unterliegenden Daten zu orchestrieren.

3.4.1 Theoretische Grundlagen

Service Definition

Die Service Definition spielt eine entscheidende Rolle im RAP. Hier werden die Schlüsselkonzepte kurz erklärt:

- **Zweck:** Die Service Definition beschreibt, welche Entitäten freigegeben werden, um einen spezifischen RESTful-Service zu ermöglichen.
- **ABAP-Repository-Objekt:** Als ABAP-Repository-Objekt kann die Service Definition in Eclipse verwaltet werden und bietet Zugriff auf wichtige Funktionen wie Transporte und Syntaxprüfungen.
- **Protokollunabhängig und anwendungsorientiert:** Protokollunabhängig bedeutet, dass die Service Definition nicht auf ein bestimmtes Kommunikationsprotokoll festgelegt ist. Sie fokussiert sich darauf, welche Daten für eine bestimmte Anwendung freigegeben werden sollen.
- **Generische Ableitung:** Die Service Definition ist vergleichbar mit einem abstrakten Bauplan, der auf dem Datenmodell basiert. Sie beschreibt, wie die Daten organisiert und bereitgestellt werden, ohne in technische Details zu gehen.

```
DEFINE SERVICE ServiceDefinitionName
{
  EXPOSE Entity1 AS Alias1;
  EXPOSE Entity2 AS Alias2;
  EXPOSE ...;
  EXPOSE EntityN as AliasN;
}
```

Listing 3.5: Service Definition – allgemein

Die Service Definition im RAP (siehe Listing 3.5) folgt einer klaren Struktur. Beginnend mit den Schlüsselwörtern `DEFINE SERVICE` werden Kontext und Name des Service festgelegt, gefolgt von geschweiften Klammern, die den Bereich der Definition umschließen. Innerhalb dieser Klammern werden die freizugebenden Datenentitäten (Name der CDS-View) mit dem Schlüsselwort `EXPOSE` angegeben, wobei optional Aliasnamen verwendet werden können. Diese Service Definition dient als architektonischer Bauplan und bildet die Grundlage für die Konfiguration des tatsächlichen Service Binding. Sie ermöglicht eine präzise Kontrolle darüber, welche Daten für den externen Zugriff verfügbar sind.

Service Binding

Das Service Binding ist ein Objekt im ABAP-Repository, das dazu dient, eine Service Definition an ein Client-Server-Kommunikationsprotokoll wie OData zu binden.

Das Service Binding basiert direkt auf einer Service Definition, die aus dem zugrunde liegenden CDS-Datenmodell abgeleitet ist. Mehrere Service Bindings können auf einer einzelnen Service Definition basieren. Die Trennung zwischen Service Definition und Service Binding ermöglicht es, einen Service in verschiedenen Service-Protokollen zu integrieren, ohne dass eine erneute Implementierung erforderlich ist. Die auf diese Weise implementierten Dienste basieren auf einer Trennung des Service-Protokolls von der eigentlichen Geschäftslogik.

Bei der Erstellung des Service Binding sollten zwei fundamentale Properties berücksichtigt werden, die wir im Folgenden erklären.

HTTP-Protokoll:

- **OData V2:** Dies ist die Version 2 des Open Data Protocol. Es ermöglicht den Austausch von Daten über HTTP in einem standardisierten Format und wird häufig für die Integration von Anwendungen verwendet.
- **OData V4:** Dies ist die neueste Version des Open Data Protocol und bietet im Vergleich zu V2 eine erweiterte Funktionalität für transaktionale Services. Daher wird es für moderne Anwendungen empfohlen.

- **InA (Analytical Service):** InA steht für »Information Access« und ist ein SAP-proprietäres Protokoll. Dieses Protokoll wird speziell für analytische Services verwendet, die für Benutzeroberflächen freigegeben sind. Es ermöglicht den Zugriff auf analytische Informationen und ist auf die Bedürfnisse von UI-Anwendungen zugeschnitten.

Szenario:

- **Web-API:** Dieses Szenario bezieht sich auf die Exposition des Dienstes als Web-API, sodass der Dienst von verschiedenen Anwendungen oder Endpoints über das standardisierte OData-Protokoll konsumiert werden kann. Es eignet sich für Anwendungsfälle, bei denen der Dienst von unbekannten Nutzern verwendet werden soll.
- **UI-Service:** Dieses Szenario eignet sich speziell für Benutzeroberflächen. Es wird häufig für SAP Fiori Elements oder andere UI-Clients verwendet und ist darauf ausgerichtet, den Dienst nahtlos in Benutzeroberflächen zu integrieren und eine optimierte Benutzererfahrung zu gewährleisten.

Publishing (Veröffentlichung) eines Service Binding bedeutet, den lokalen Service-Endpoint eines OData-Service zu publishen. Dies geschieht über die Schaltfläche Publish in Eclipse. Wenn das Publishing des Service initiiert wird, löst das mehrere Prozesse aus, die den Service für die Verwendung bereitstellen.

3.4.2 Service Definition

Im Zuge dieses Abschnitts werden wir die Service Definition zu unserem zuvor erstellten Datenmodell anlegen. Sie bildet die Grundlage für das Service Binding.

Zunächst führen wir einen Rechtsklick ❶ auf unser Paket aus, wählen den Menüpunkt New ❷ und anschließend Other ABAP Repository Object ❸ (siehe Abbildung 3.20).

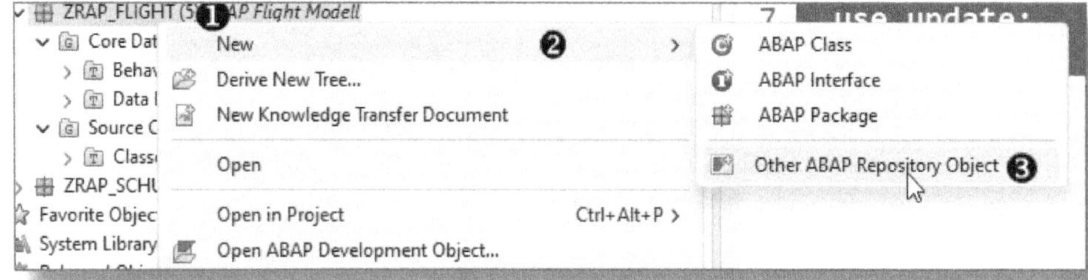

Abbildung 3.20: Service Definition anlegen

Es öffnet sich der Anlagedialog NEW ABAP REPOSITORY OBJECT. In diesem Fenster (siehe Abbildung 3.21) geben wir in der Suche den Suchbegriff *Service Def* ➊ an, wählen in dem Resultatsbaum den Knoten SERVICE DEFINITION ➋ und betätigen den Button NEXT ➌.

New ABAP Repository Object
ABAP Repository Object
Create an ABAP repository object
Project: S4H_100_danju_en
Browse
Service Def
Business Services
Service Definition
< Back
Next >
Finish
Cancel

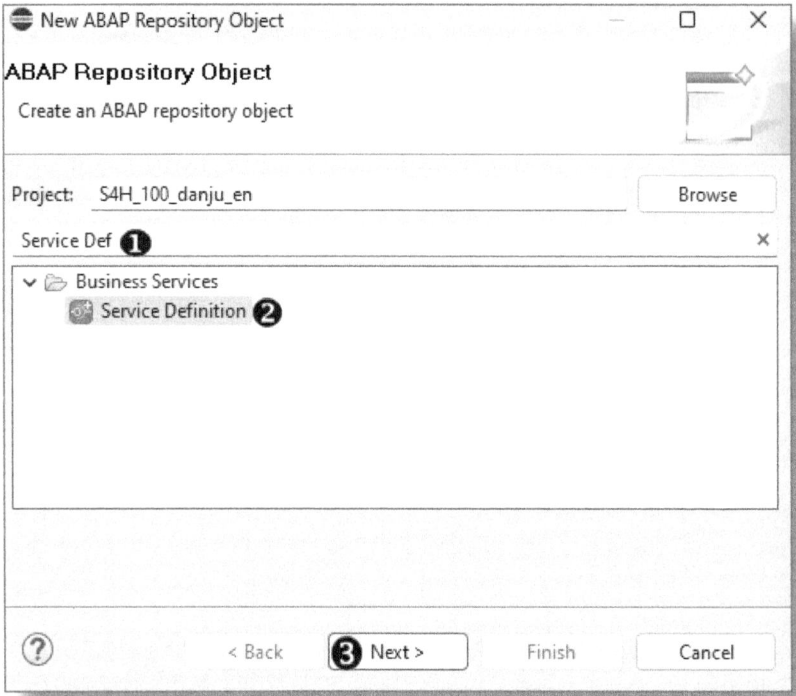

Abbildung 3.21: Service Definition – Anlagedialog 1

Im folgenden Fenster (siehe Abbildung 3.22) wählen wir den ❶ Namen *Z_TRAVEL_SD* und die Beschreibung *Travel Service Definition* ❷ der anzulegenden Service Definition. Anschließend bestätigen wir unsere Angaben mit dem Button NEXT ❸. Im darauffolgenden Fenster betätigen wir den Button FINISH und beenden die Anlage.

Abbildung 3.22: Service Definition – Anlagedialog 2

Nun sehen wir die generierte Service Definition und stellen fest, dass die Syntaxprüfung einen Fehler aufzeigt. Wir sollten noch die zuvor erstellte Projection View in dieser Service Definition »exposen«. In Listing 3.6 sehen wir die Service Definition mit der exponierten CDS-Entität.

```
@EndUserText.label: 'Travel Service Definition'
define service Z_TRAVEL_SD
{
  expose Z_C_TRAVEL;

}
```

Listing 3.6: Service Definition

3.4.3 Service Binding

Im Verlauf dieses Unterabschnitts setzen wir einen weiteren Schritt, indem wir das Service Binding für die zuvor erstellte Service Definition anlegen. Das Service Binding bildet das Endprodukt unseres RAP-Modells.

Um diesen Prozess zu starten, führen wir zunächst einen Rechtsklick ❶ auf unsere zuvor angelegte Service Definition Z_TRAVEL_SD durch. Im sich öffnenden Kontextmenü wählen wir die Option NEW SERVICE BINDING ❷ (siehe Abbildung 3.23).

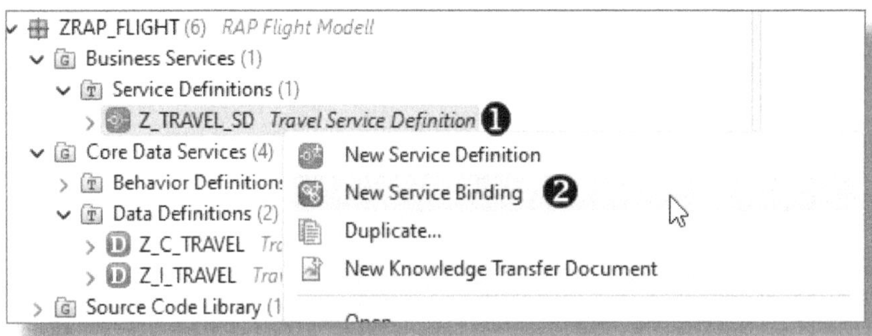

Abbildung 3.23: Service Binding anlegen

Im folgenden Anlagedialog (siehe Abbildung 3.24) vergeben wir den Namen *Z_TRAVEL_SB_V2* ❶ und die Beschreibung *Travel Service Binding OData V2* ❷. Dann wählen wir den BINDING TYPE *OData V2 – UI*

❸ aus. Abschließend betätigen wir den Button NEXT ❹ bzw., wenn das Service Binding in einem lokalen Paket angelegt wird, FINISH. Andernfalls müssen wir im Folgescreen einen Transport auswählen und können die Anlage beenden.

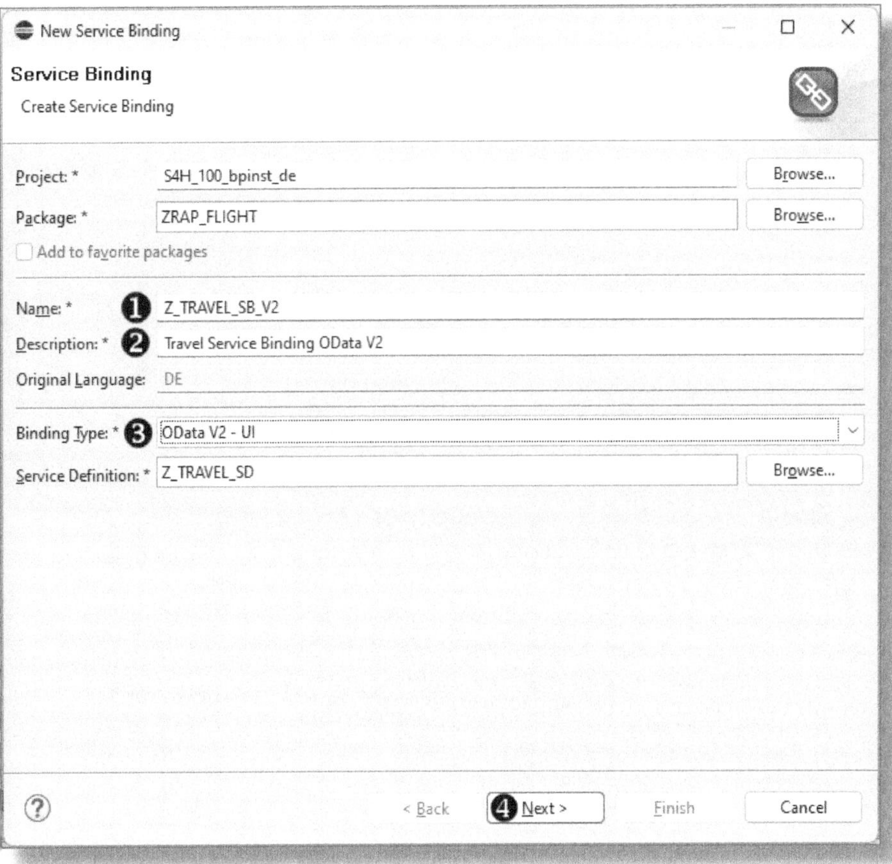

Abbildung 3.24: Service Binding – Anlagedialog

Nach Abschluss des Anlagedialogs öffnet sich das Objekt in Eclipse (siehe Abbildung 3.25). Hier sollten wir es zunächst aktivieren. Dafür verwenden wir den Button ❶. Anschließend klicken wir auf PUBLISH ❷ und veröffentlichen damit den Service.

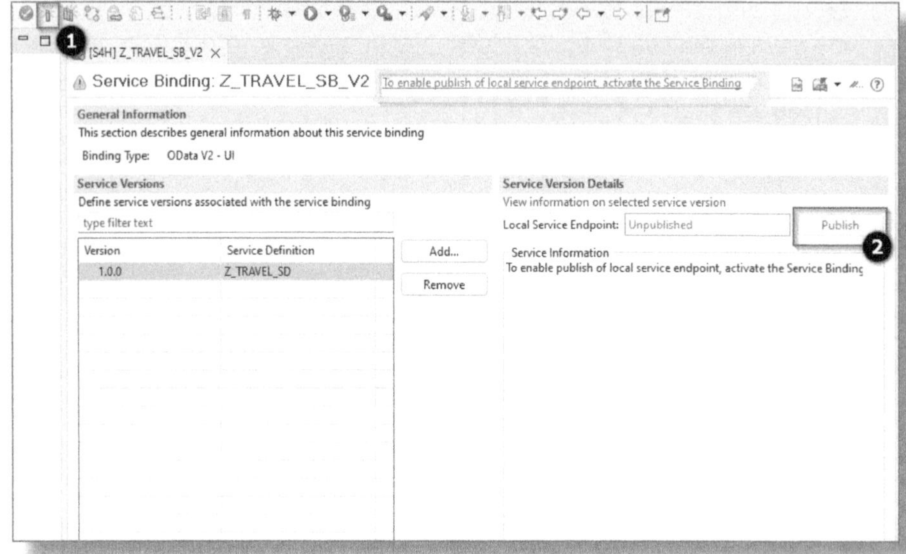

Abbildung 3.25: Service Binding veröffentlichen

Während des Publishing-Prozesses erfolgen im Hintergrund automatisch die Erstellung des Service und die Zuweisung zu dem entsprechenden Paket. Gleichzeitig wird der ICF-Knoten aktiviert, was den Service für externe Aufrufe zugänglich macht. Jene Schritte, die früher bei der Anlage von Services mithilfe der *SEGW*-Transkation ausgeführt werden mussten, spielen sich nun automatisiert während des Publishing-Prozesses ab. Das bedeutet, dass der Service nahtlos in das bestehende System integriert wird, ohne dass zusätzliche manuelle Interventionen erforderlich sind. Dieser Automatisierungsprozess optimiert den Workflow und stellt sicher, dass der Service effizient und zuverlässig für externe Anwendungen bereitgestellt wird.

Es ist jedoch wichtig zu beachten, dass der beschriebene Prozess nur für Systemkonfigurationen gilt, bei denen der Frontend-Server im selben System integriert ist, wie es bei einem Embedded-Hub-Szenario der Fall ist. In Umgebungen, in denen ein separates Gateway-System verwendet wird, müssen Sie zusätzliche Schritte unternehmen. Für OData-Services der Version 2 ist der Service im Gateway-System mittels der Transaktion */IWFND/MAINT_SERVICE* manuell zu aktivieren.

☛ OData V4

Für OData-Services der Version 4 ist die Aktivierung in der Transaktion */IWFND/V4_ADMIN* erforderlich. Diese zusätzlichen Schritte stellen sicher, dass der Service korrekt im Gateway-System konfiguriert und für den Zugriff durch externe Anwendungen bereitgestellt wird.

3.4.4 Service Consumption

Nach der erfolgreichen Anlage, Aktivierung und Veröffentlichung des Service Binding kann der Service mit dem PREVIEW-Button ❶ angezeigt werden (siehe Abbildung 3.26).

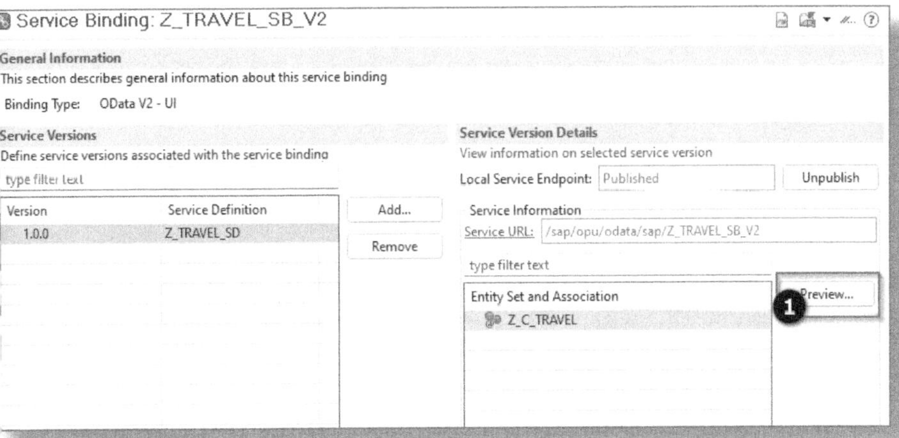

Abbildung 3.26: Service – Preview

Hier wird auf Basis des Service eine Fiori-Elements-List-Report-Applikation generiert. In dem List Report (siehe Abbildung 3.27) sehen wir alle UI-annotierten Felder inklusive der in der Behavior Definition aktivierten Operationen, die in der Fiori als Button erscheinen – exklusive der UPDATE-Operation, da »Bearbeiten« als Button nicht sinnvoll wäre.

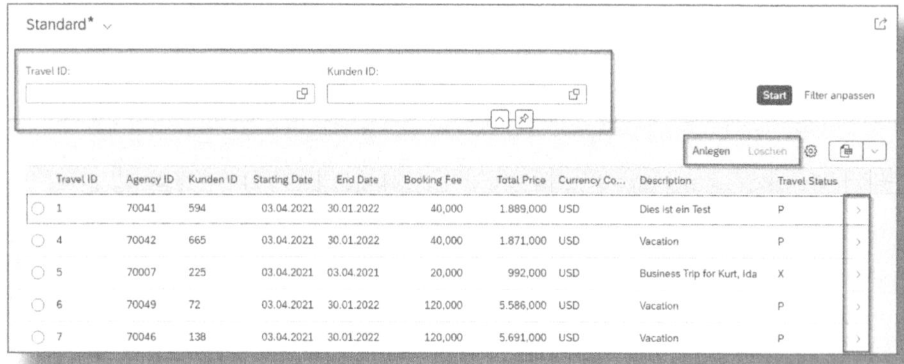

Abbildung 3.27: Fiori Preview List

Mithilfe des ANLEGEN-Buttons erstellen wir eine neue Entität. Das Betätigen des Buttons führt zu einer initialen Object Page, auf der die anzulegenden Daten der Entität befüllt werden. Anschließend kann diese neue Entität in der Liste angezeigt werden.

Die UPDATE- und DELETE-Operationen sind instanz- bzw. entitätsgebunden, d. h., es muss eine bestehende Entität selektiert werden, um die Operationen UPDATE oder DELETE zu initiieren. Letzteres kann in diesem Fall direkt in dem List Report ausgeführt werden, indem eine bestimmte Zeile selektiert und der Button LÖSCHEN betätigt wird. Für das Update einer Entität müssen wir mit Klick auf das Line-Item in die Object Page der Entität navigieren. Dort können die UPDATE- und DELETE-Operationen ausgeführt werden (siehe Abbildung 3.28).

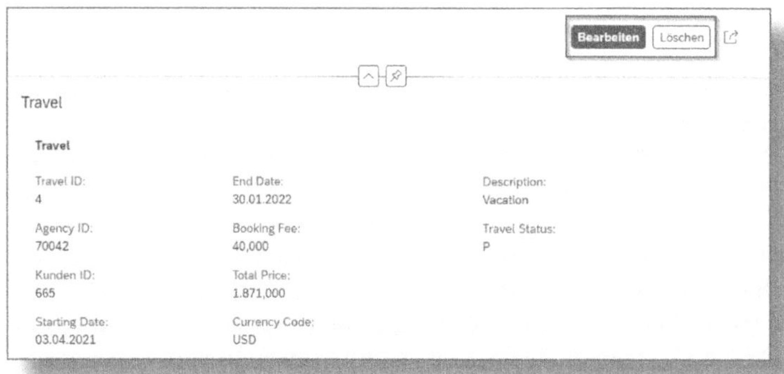

Abbildung 3.28: Fiori Preview – Object Page

3.5 Abschluss

Mit der Erkundung der grundlegenden Konzepte des RAP schließen wir dieses Kapitel ab. Sie haben nicht nur eine Einführung in das Modell erhalten, sondern auch die zentrale Rolle des Business Object (BO) verstanden. Weiterhin haben Sie sich ausführlich mit der Definition und Implementierung von Verhaltensweisen (Behavior Definition & Implementierung) auseinandergesetzt sowie sich in die Bedeutung von Business Services vertieft. Ein Schwerpunkt lag auf der Anlage eines umfassenden RAP-Modells, das sämtliche dieser Konzepte integriert und praktisch umsetzt.

Abbildung 3.29 bietet eine Übersicht über alle in diesem Kapitel angelegten Komponenten.

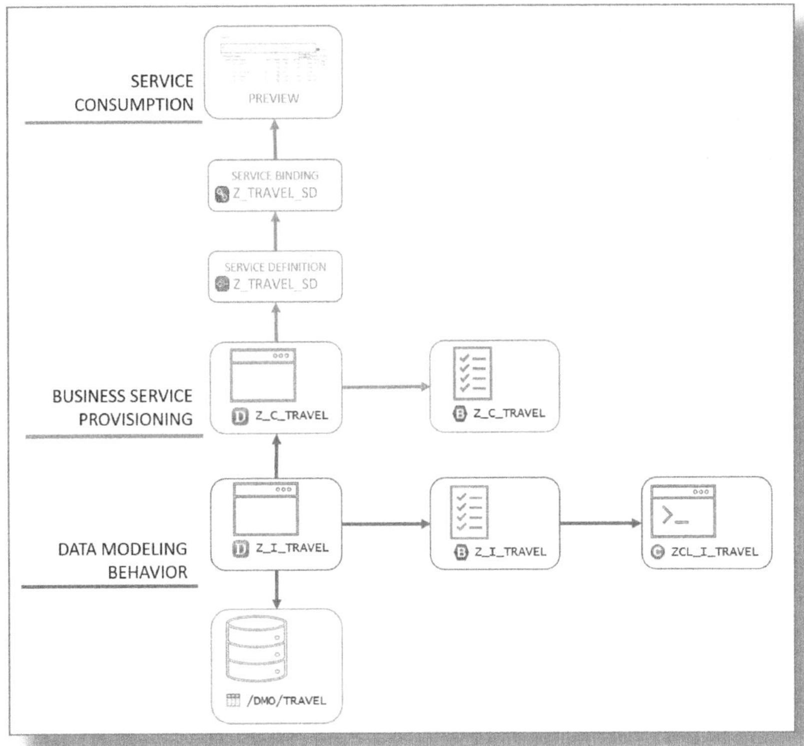

Abbildung 3.29: Übersicht aller angelegten Komponenten

Diese essenziellen Bausteine bilden das Fundament für die Entwicklung effizienter und skalierbarer RESTful-Anwendungen in der ABAP-Umgebung. Das Verständnis dieser Schlüsselkonzepte ermöglicht es Entwicklern, robuste und flexibel erweiterbare Anwendungen zu gestalten. In den kommenden Kapiteln werden wir uns einen detaillierteren Einblick in diese Konzepte verschaffen und ihre Implementierung in realen Szenarien diskutieren.

4 Entity Manipulation Language

Im vorangegangenen Kapitel haben wir das RAP-Modell »Travel« von der Definition von Datenstrukturen bis zur Bereitstellung eines RESTful-Service aufgebaut. Dieses Modell dient uns als solides Fundament, um nun in die Tiefen des neuen ABAP-Appendix der Entity Manipulation Language (EML) einzutauchen.

Bevor wir mit den Methodiken im RAP beginnen, stellen wir Ihnen die neuen ABAP-Sprachbefehle vor, die mit dem RAP-Modell eingeführt wurden. In den bisherigen Kapiteln haben wir Ihnen die Verwendung des RAP-Modells in Kombination mit einem Fiori-Elements-Frontend gezeigt. Anstatt ein webbasiertes Frontend zu verwenden, ist es auch möglich, die Behavior Definition als Schnittstelle zu betrachten. Sie kann durch einen ABAP-Programmcode aufgerufen werden. Dies bietet den Vorteil, dass Sie das Coding für das Business Object (BO) nur einmal schreiben müssen und dieses sowohl für Applikationen als auch für CRUD-Operationen in ABAP-Programmen nutzen können.

4.1 Anwendungsfälle

Einer der wohl wichtigsten Anwendungsfälle der *Entity Manipulation Language (EML)* ist der Zugriff auf den transaktionalen Puffer. Diesen Vorgang möchten wir Ihnen anhand des Schaubildes in Abbildung 4.1 erklären.

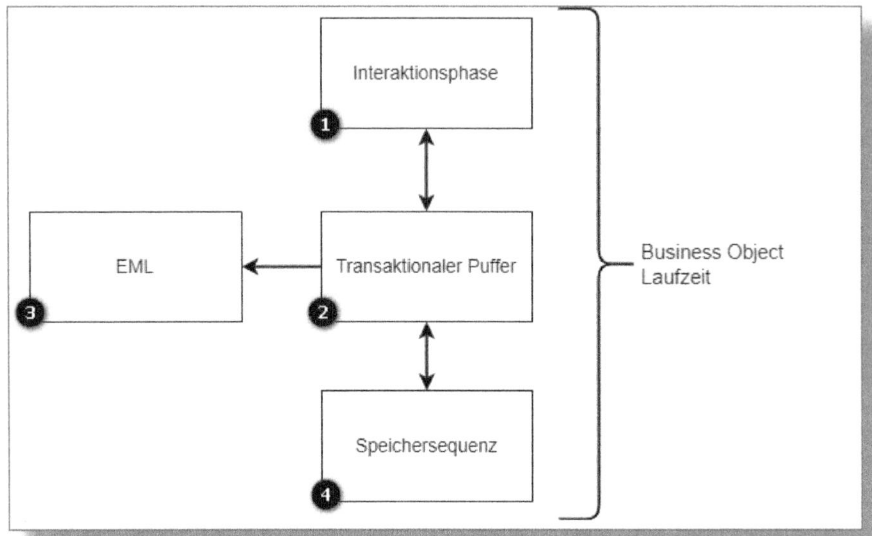

Abbildung 4.1: Nutzung von EML innerhalb eines BO

In der Interaktionsphase ❶ tätigt der Benutzer Eingaben, beispielsweise in einem Web Frontend. Diese Eingaben sind noch nicht in der Datenbank persistiert und werden so lange im transaktionalen Puffer ❷ gehalten. Damit ABAP auf diese noch nicht gespeicherten Daten zugreifen kann, wird die EML ❸ verwendet. Bevor die Daten mit einem eindeutigen Schlüssel gespeichert werden, wird für sie ein temporärer Schlüssel generiert. Dieser identifiziert den neuen Datensatz, bevor die Speichersequenz ❹ die Daten in der Datenbank ablegt.

Ein weiterer Anwendungsfall ist, wie bereits erwähnt, der Aufruf der CRUD-Operationen des BO aus einem ABAP-Programm heraus. Zusätzlich ist eine übergreifende Integration von BO möglich, dabei können bestehende Validations, Actions, Functions und CRUD-Operationen wiederverwendet werden. Zudem lassen sich mithilfe von EML Unit-Tests schreiben, durch welche die Code-Qualität sichergestellt werden kann.

4.2 Lesen von Daten (READ)

4.2.1 Syntax

Die Syntax für EML-Befehle wirkt im ersten Moment ungewohnt, jedoch ist sie logisch aufgebaut und lässt sich leicht interpretieren. Für das Lesen von Daten durch EML verwenden wir den ABAP-Sprachbefehl `READ ENTITIES OF`. Hierzu knüpfen wir an unseren bisherigen Stand an und erläutern das Lesen von Daten anhand eines konkreten Beispiels (siehe Listing 4.1).

```
READ ENTITIES OF z_c_travel
    ENTITY z_c_travel
    ALL FIELDS WITH VALUE #( ( TravelId = '$ID' ) )
    RESULT DATA(lt_travels)
    FAILED DATA(lt_failed)
    REPORTED DATA(lt_reported).
```

Listing 4.1: »READ ENTITIES« – Syntax

Fangen wir mit der ersten Zeile `READ ENTITIES OF z_c_travel` an. Dort rufen wir die ABAP-Anweisung `READ ENTITIES OF` auf, anschließend geben wir die zu lesende Behavior Definition `Z_C_TRAVEL` an.

In der nächsten Zeile `ENTITY z_c_travel` geben wir die zu lesende Entität `Z_C_TRAVEL` an. In einer Behavior Definition können Sie verschiedene Assoziationen und Kompositionen zwischen Entitäten abbilden, zusätzlich ist es auch möglich, Aliasnamen für Entitäten zu vergeben. Daher müssen Sie an dieser Stelle noch einmal explizit die zu lesende Entität aus der Behavior Definition nennen. In unserem Beispiel sind die Namen der Behavior Definition und der Entität identisch.

In der dritten Zeile `ALL FIELDS WITH VALUE #( ( TravelId = '$ID' ) )` legen wir zunächst fest, welche Felder wir lesen möchten. In diesem Fall sind es alle, daher verwenden wir die Anweisung `ALL FIELDS`. Im Anschluss übergeben wir mit der Anweisung `WITH` eine Tabelle, welche die Schlüsselfelder der zu lesenden Einträge enthält. In unserem konkreten Beispiel möchten wir die Reise mit dem Schlüssel `'$ID'` lesen.

Im Anschluss erhalten wir drei Rückgabetabellen: `RESULT` enthält die erfolgreich gelesenen Daten für die angeforderten Schlüssel. Sollte ein Eintrag nicht lesbar sein, wird der entsprechende Schlüssel in die Tabelle `FAILED` aufgenommen. Die zurückgegebenen Meldungen werden in der Tabelle `REPORTED` gesammelt.

4.2.2 Implementierung

Nun werden wir als konkretes Beispiel eine Methode in eine Klasse implementieren, die eine Reise ausliest und in Eclipse den Eintrag in der Konsole ausgibt.

Zu diesem Zweck legen wir zuerst eine neue Klasse mit dem Namen *ZCL_TRAVEL_SERVICE* an. Hierfür machen wir einen Rechtsklick auf die QUELLCODEBIBLIOTHEK in unserem Paket ZRAP_FLIGHT und wählen, wie in Abbildung 4.2 gezeigt, unter NEW den Menüpunkt ABAP CLASS aus.

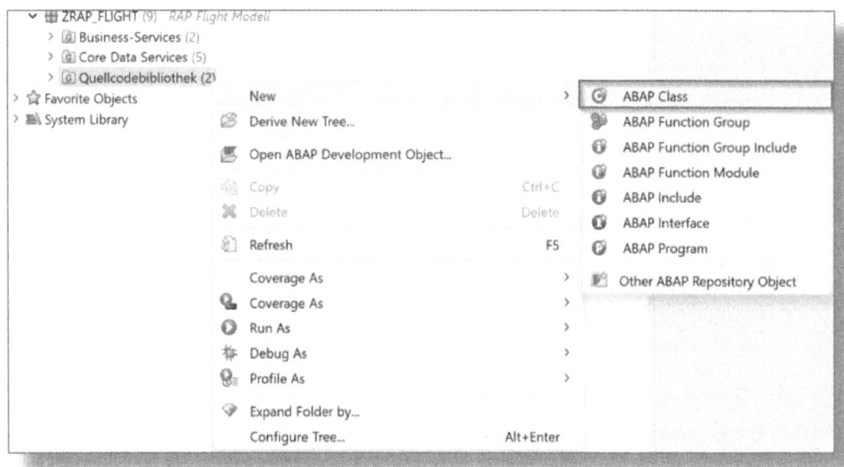

Abbildung 4.2: Neue Klasse anlegen

Im nächsten Schritt tragen wir, wie in Abbildung 4.3 gezeigt, den NAMEN *ZCL_TRAVEL_SERVICE* als Klassennamen ❶ ein und vergeben eine Beschreibung ❷. Anschließend fügen wir über die Schaltfläche ADD ❸ das Interface *IF_OO_ADT_CLASSRUN* ❹ hinzu. Wir bestätigen die Eingaben mit NEXT ❺. Danach wählen wir einen Transportauftrag aus und bestätigen mit FINISH.

Abbildung 4.3: Neue Klasse anlegen – ADT-Interface

Die Klasse ist damit angelegt und besitzt eine noch leere Implementierung für die Methode `if_oo_adt_classrun~main` (siehe Listing 4.2). Diese werden wir nun für die verschiedenen CRUD-Operationen implementieren. Zudem erweitern wir die Klasse, indem wir das Instanzattribut m_travel (Travel-ID) deklarieren und die Konstruktor-Methode implementieren. Diese Methode soll eine zufällige Travel-ID aus der Tabelle /DMO/TRAVEL selektieren und diese im Instanzattribut speichern.

```
CLASS zcl_travel_service DEFINITION
  PUBLIC
  FINAL
  CREATE PUBLIC .

  PUBLIC SECTION.
    METHODS constructor.
    DATA m_travel TYPE /dmo/travel_id.
    INTERFACES if_oo_adt_classrun.
  PROTECTED SECTION.
  PRIVATE SECTION.
ENDCLASS.



CLASS zcl_travel_service IMPLEMENTATION.
  METHOD constructor.
    SELECT SINGLE travel_id
      FROM /dmo/travel
      INTO @me->m_travel.
  ENDMETHOD.

  METHOD if_oo_adt_classrun~main.
  ENDMETHOD.

ENDCLASS.
```

Listing 4.2: Initiale Implementierung

In Abschnitt 4.2.1 haben wir bereits das konkrete Beispiel gezeigt, das wir nun in unsere Methode main teilweise übernehmen. Zusätzlich rufen wir die Methode write des Importing-Parameters out (Interface) auf, um die gelesenen Daten in der Eclipse-Konsole auszugeben (siehe Listing 4.3).

```
METHOD if_oo_adt_classrun~main.
  READ ENTITIES OF z_c_travel
    ENTITY z_c_travel
    ALL FIELDS WITH VALUE #( ( TravelId = me->m_travel ) )
    RESULT DATA(lt_travels)
    FAILED DATA(lt_failed)
    REPORTED DATA(lt_reported).

  out->write( data = lt_travels ).
ENDMETHOD.
```

Listing 4.3: Klasse »ZCL_TRAVEL_SERVICE« implementieren

Nun führen wir die Klassenimplementierung durch die Funktionstaste [F9] – ABAP Application (Console) – aus. Alternativ kann auch wie in Abbildung 4.4 der Ausführen-Button (▶) geklickt werden. Wir wählen die Zeile *ABAP Application (Console)* ❶ aus und bestätigen die Auswahl mit der Schaltfläche mit OK ❷.

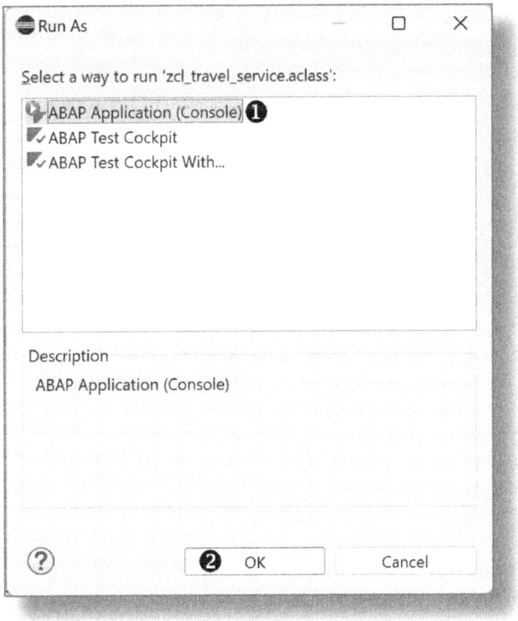

Abbildung 4.4: Applikation ausführen

Nach der Ausführung werden die Werte der gelesenen Reise in der Konsole von Eclipse angezeigt (siehe Abbildung 4.5).

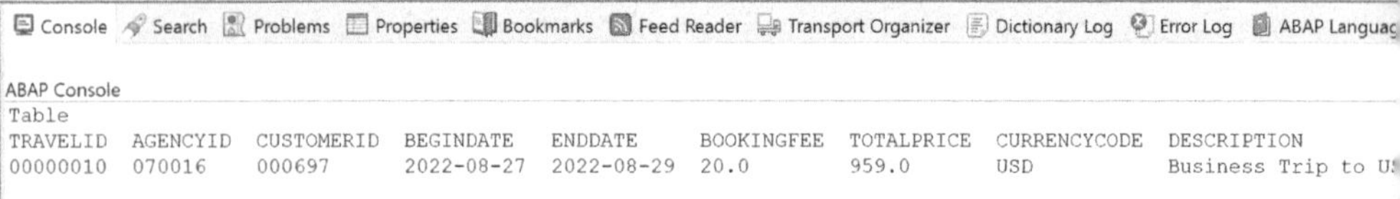

Abbildung 4.5: Gelesene Reise – Ausgabe

4.3 Aktualisieren von Daten (UPDATE)

4.3.1 Syntax

Die Syntax für das Aktualisieren ähnelt der Syntax für das Lesen von Daten. Wir verwenden hierfür den ABAP-Sprachbefehl `MODIFY ENTITIES OF`. Wieder knüpfen wir an unseren bisherigen Stand an und erläutern das Aktualisieren von Daten anhand eines konkreten Beispiels (siehe Listing 4.4). Sie werden bei den weiteren Operationen CREATE und DELETE feststellen, dass alle ändernden Operationen immer mit dem Sprachbefehl `MODIFY ENTITIES OF` starten.

```
MODIFY ENTITIES OF z_c_travel
    ENTITY z_c_travel
    UPDATE FIELDS ( Description )
    WITH VALUE #( ( TravelId = '$ID'
                    Description = 'Meine tolle Reise' ) )
    REPORTED DATA(lt_reported)
    FAILED DATA(lt_failed)
    MAPPED DATA(lt_mapped).
```

Listing 4.4: Syntax »MODIFY ENTITIES« – Daten ändern

Das einleitende Schlüsselwort `MODIFY ENTITIES OF` wird gefolgt von der zu aktualisierenden Behavior Definition `z_c_travel`. In der zweiten

Zeile geben wir mit dem Schlüsselwort ENTITY die betroffene Entität an, die in unserem Fall ebenfalls den Namen z_c_travel hat.

Die nächste Zeile ist nun entscheidend: Hier definieren wir, welche Operation ausgeführt werden soll. Für die Aktualisierung von Daten verwenden wir das Schlüsselwort UPDATE und geben im Anschluss nach dem Befehl FIELDS eine Liste von Feldern (Description) an. Die Angabe der zu aktualisierenden Felder kann klassisch als Inlinedeklaration in Klammern durch Leerzeichen getrennt erfolgen, alternativ kann auch eine Tabelle mit Feldern angegeben werden.

In der vierten Zeile müssen neben den zu ändernden Feldern zusätzlich die Schlüsselfelder unserer Entität z_c_travel angegeben werden. In unserem Beispiel möchten wir mit unserem Befehl die Reise mit der Nummer '$ID' (Schlüsselfeld TravelId) aktualisieren. Dabei vergeben wir eine neue Beschreibung Meine tolle Reise in dem Feld Description.

Auch hier haben wir wieder die generierten Tabellentypen REPORT, FAILED und MAPPED.

4.3.2 Implementierung

Für unseren Test überschreiben wir die vorherige Implementierung in der Klasse ZCL_TRAVEL_SERVICE. Anhand eines konkreten Beispiels werden wir eine Methode in einer Klasse implementieren, die eine Beschreibung aktualisiert und in Eclipse den geänderten Eintrag in der Konsole ausgibt. Dazu kopieren wir den ABAP-Code von Listing 4.5 in die Methode if_oo_adt_classrun~main.

```
METHOD if_oo_adt_classrun~main.

    MODIFY ENTITIES OF z_c_travel
        ENTITY z_c_travel
        UPDATE FIELDS ( Description )
        WITH VALUE #( ( TravelId = me->m_travel
                        Description = 'Dies ist ein Test' ) )
```

```
        REPORTED DATA(lt_reported)
        FAILED DATA(lt_failed)
        MAPPED DATA(lt_mapped).
    IF lt_failed IS INITIAL.
      COMMIT ENTITIES.
      READ ENTITIES OF z_c_travel
        ENTITY z_c_travel
        ALL FIELDS WITH VALUE #( ( TravelId = me->m_travel )
)
        RESULT DATA(lt_travels).
      out->write(  data = lt_travels ).
    ELSE.
      ROLLBACK ENTITIES.
    ENDIF.

  ENDMETHOD.
```

Listing 4.5: Klasse zur Aktualisierung eines Eintrags aktualisieren

Die Implementierung ist folglich simpel aufgebaut: Wir aktualisieren zuerst das Beschreibungsfeld der Reise. Wenn die interne Tabelle `lt_failed` leer bleibt, bestätigen wir die Ausführung mit dem Sprachbefehl `COMMIT ENTITIES`. Im Anschluss lesen wir dieselbe Reise und geben diese in der Eclipse-Konsole aus. Sollten während der Aktualisierung Fehler auftreten, werden die Änderungen mit der Anweisung `ROLLBACK ENTITIES` rückgängig gemacht. Nun können wir unsere Implementierung testen, wie bereits in Abschnitt 4.2.2 gezeigt. Wenn die Änderung erfolgreich durchgeführt wurde, erscheint der geänderte Datensatz mit dem neuen Beschreibungstext (siehe Abbildung 4.6).

Abbildung 4.6: Aktualisierter Datensatz

4.4 Anlegen von Daten (CREATE)

4.4.1 Syntax

Nachdem wir in den beiden vorherigen Abschnitten die Syntax für das Lesen und Aktualisieren von Daten kennengelernt haben, wenden wir uns nun anhand eines konkreten Beispiels der Logik für das Anlegen von Daten zu. Auch hierfür verwenden wir die ABAP-Schlüsselwörter `MODIFY ENTITIES OF` (siehe Listing 4.6).

```
MODIFY ENTITIES OF z_c_travel
    ENTITY z_c_travel
    CREATE FIELDS ( Description )
    WITH VALUE #( ( TravelId = '$ID'
                    Description = 'Test' ) )
    FAILED DATA(lt_failed)
    REPORTED DATA(lt_reported)
    MAPPED DATA(lt_mapped).
```

Listing 4.6: Syntax »MODIFY ENTITIES« – Daten anlegen

Das einleitende Schlüsselwort `MODIFY ENTTTIES OF` wird wiederum gefolgt von der zu aktualisierenden Behavior Definition `z_c_travel`.

In der zweiten Zeile geben wir auch hier die betroffene Entität mit dem Namen `z_c_travel` an.

In der dritten Zeile kommt der entscheidende Unterschied: Nun führen wir die Operation »Anlegen« aus. Hierzu wird das Schlüsselwort `CREATE` verwendet, gefolgt von den anzulegenden Feldern `( Description )`, die als `FIELDS` gekennzeichnet werden.

In der vierten Zeile geben wir die anzulegenden Daten an und füllen den Primärschlüssel der Entität. Dies kann als Inlinedeklaration erfolgen, wie in unserem Fall:

```
WITH VALUE #( ( TravelId = '$ID' Description = 'Test' ) ).
```

Alternativ kann auch eine interne Tabelle angegeben werden.

An dieser Stelle werden Sie sich sicherlich fragen, welchen Typ die interne Tabelle haben muss, damit man sie für die Anlegeoperation nutzen kann. Für die Datentypdeklaration stehen im Zuge der RAP-Einführung neue ABAP-Schlüsselwörter zur Verfügung. Sie können für Ihre Entitäten und die dazugehörige Operation jeweils einen passenden Datentyp zur Laufzeit generieren:

```
DATA: lt_create TYPE TABLE FOR CREATE z_c_travel.
```

In diesem Coding wird nach der `DATA`-Anweisung zuerst der Name der internen Tabelle (`lt_create`) festgelegt, gefolgt von dem Schlüsselwort `TYPE TABLE FOR`. An der nächsten Stelle geben wir die Aktion `CREATE` / `UPDATE` / `DELETE` an, dann die Entität `Z_C_TRAVEL`.

Neue ABAP-Schlüsselwörter

Im Zuge der RAP-Einführung wurden verschiedene neue ABAP-Schlüsselwörter eingeführt. Wenn Sie weitere Informationen benötigen oder Verständnisfragen aufkommen, lohnt sich ein Blick in die ABAP Language Help. Sie können einfach im Programmcode auf ein Schlüsselwort klicken und sich durch die Funktionstaste [F1] die dazugehörige Dokumentation anzeigen lassen.

Durch die neue Anweisung zur Datendeklaration wird automatisch ein Tabellendatentyp generiert, der für die EML-Schnittstelle genutzt werden kann. In Abbildung 4.7 sehen Sie den generierten Typ in der ABAP Element Info. Die gleichen Komponenten werden bei der Inlinedeklaration angeboten. Da wir in unseren bisherigen Beispielen noch nicht mit tiefen Strukturen gearbeitet und nur jeweils einen Datensatz über EML angelegt haben, wurde das Feld `%cid` ❶ noch nicht benötigt. Dieses dient als eindeutige Identifizierung eines Datensatzes bei hierarchischen Datenmodellen.

Im aktuellen Beispiel haben wir die anzulegenden Felder direkt mit dem Schlüsselwort `CREATE FIELDS` definiert, war auch die Struktur `%control` ❷ bisher noch uninteressant. Sie können sich diese Struktur wie die X-Struktur aus einem BAPI vorstellen. Sie müssen den Feldnamen als änderbar kennzeichnen, falls dessen Wert bei der Anlage übernommen werden soll. Innerhalb der Struktur stehen außerdem Komponentengruppen ❸ für die vereinfachte Werteübernahme von Daten zur Verfügung.

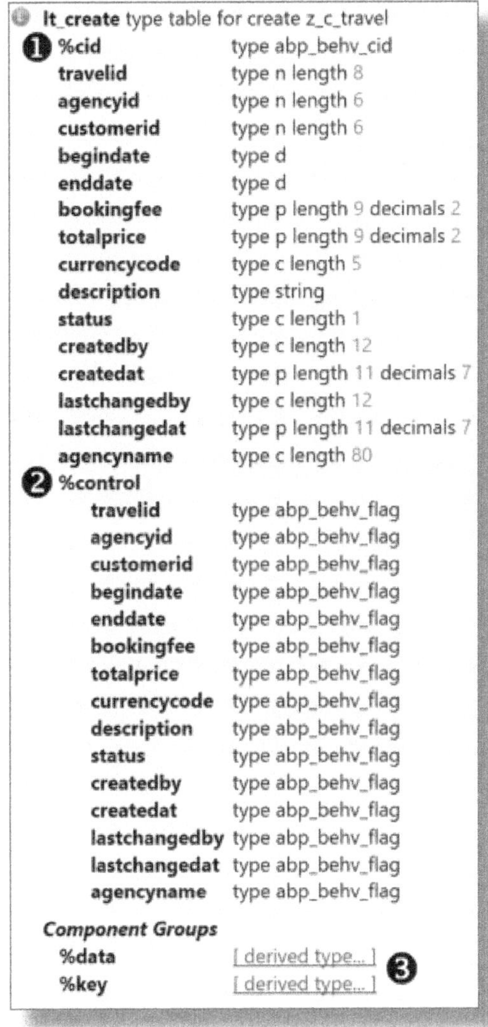

Abbildung 4.7: Operation »CREATE« – generierte ABAP-Struktur

☛ Anzeige der generierten Datentypen

Die in Abbildung 4.7 generierte Datenstruktur kann je nach Operation unterschiedlich aussehen. Wenn Sie sich während der Entwicklung die Struktur anzeigen lassen möchten, klicken Sie auf den Namen der Variablen und öffnen über die Funktionstaste F2 den »ABAP Element Info«-Dialog. Alternativ können Sie sich in Eclipse den Dialog in der Menüliste über WINDOW • SHOW VIEW • OTHERS • ABAP ELEMENT INFO zu Ihrer Standardanzeige in Eclipse hinzufügen.

4.4.2 Implementierung

In unserem konkreten Beispiel möchten wir eine bestehende Reise auslesen, diese anschließend kopieren und eine neue `TravelId` vergeben. Nach erfolgreicher Anlage lesen wir die neue Reise aus und geben sie in der Eclipse-Konsole aus. Dazu überschreiben wir die Implementierung der Methode `main` in der Klasse `zcl_travel_service` (siehe Listing 4.7).

```
DATA: lt_create TYPE TABLE FOR CREATE z_c_travel.
READ ENTITIES OF z_c_travel
 ENTITY z_c_travel
 ALL FIELDS WITH VALUE #( ( travelid = me->m_travel ) )
 RESULT DATA(lt_result).
IF lt_result IS NOT INITIAL.
  lt_create = CORRESPONDING #( lt_result CHANGING CONTROL ).
  lt_create[ 1 ]-travelid = '99000001'.
  MODIFY ENTITIES OF z_c_travel
    ENTITY z_c_travel
    CREATE AUTO FILL CID
    WITH lt_create
    MAPPED DATA(lt_mapped)
    FAILED DATA(lt_failed)
    REPORTED DATA(lt_reported).
  IF lt_failed IS INITIAL.
    COMMIT ENTITIES.
    READ ENTITIES OF z_c_travel
```

```
        ENTITY z_c_travel
        ALL FIELDS WITH VALUE #( ( travelid = '99000001' ) )
        RESULT lt_result.
    out->write( lt_result ).
  ENDIF.
ENDIF.
```

Listing 4.7: Klasse zum Anlegen von Daten implementieren

Wie Sie in der Implementierung sehen können, verwenden wir zum Kopieren der Daten zwischen zwei internen Tabellen das ABAP-Schlüsselwort `CORRESPONDING`. Zusätzlich arbeiten wir mit der Anweisung `CHANGING CONTROL`, einer Neuerung, die mit EML eingeführt wurde. Wie wir bereits eingehend erläutert haben, müssen die `%control`-Felder angehakt werden, damit die Werte übernommen werden. Um an dieser Stelle eine LOOP-Schleife zu sparen, kann der Zusatz `CHANGING CONTROL` verwendet werden; dabei wird automatisch für die eingegebenen Felder das `%control`-Feld auf `if_abap_behv=>mk-on` gesetzt. In Abbildung 4.8 sehen Sie einen Ausschnitt aus dem ABAP-Debugger. Alle Felder, die mit 01 gekennzeichnet sind, werden geschrieben; ist der Wert 00, wird der Feldwert nicht übernommen.

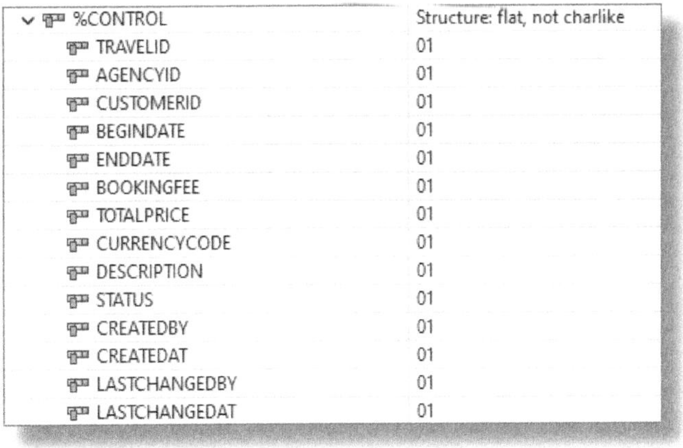

%CONTROL	Structure: flat, not charlike
TRAVELID	01
AGENCYID	01
CUSTOMERID	01
BEGINDATE	01
ENDDATE	01
BOOKINGFEE	01
TOTALPRICE	01
CURRENCYCODE	01
DESCRIPTION	01
STATUS	01
CREATEDBY	01
CREATEDAT	01
LASTCHANGEDBY	01
LASTCHANGEDAT	01

Abbildung 4.8: Gesetzte Field-Controls

Nachdem wir die Klasse ausgeführt haben, sollten wir den neu angelegten Datensatz in der Eclipse-Konsole sehen (siehe Abbildung 4.9).

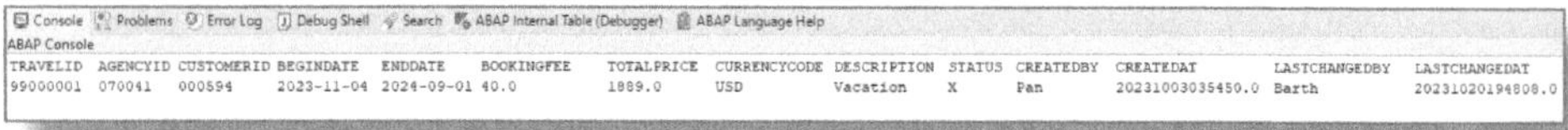
Console Problems Error Log Debug Shell Search ABAP Internal Table (Debugger) ABAP Language Help
ABAP Console
TRAVELID AGENCYID CUSTOMERID BEGINDATE ENDDATE BOOKINGFEE TOTALPRICE CURRENCYCODE DESCRIPTION STATUS CREATEDBY CREATEDAT LASTCHANGEDBY LASTCHANGEDAT
99000001 070041 000594 2023-11-04 2024-09-01 40.0 1889.0 USD Vacation X Pan 20231003035450.0 Barth 20231020194808.0

Abbildung 4.9: Neu angelegter Datensatz

4.5 Löschen von Daten (DELETE)

4.5.1 Syntax

Nachdem wir die Änderungsoperationen für das Anlegen und Aktualisieren kennengelernt haben, möchten wir uns noch mit der letzten essenziellen Operation beschäftigen: dem Löschen. Das Löschen ist die am einfachsten zu bedienende Option im EML.

Auch hier starten wir wieder mit der Anweisung `MODIFY ENTITIES OF` (siehe Listing 4.8).

```
MODIFY ENTITIES OF z_c_travel
  ENTITY z_c_travel
  DELETE FROM VALUE #( ( TravelId = '$ID' ) )
FAILED DATA(lt_failed)
REPORTED DATA(lt_reported)
MAPPED DATA(lt_mapped).
```

Listing 4.8: Syntax »MODIFY ENTITIES« – Daten löschen

Der einzige Unterschied zu den anderen beiden Operationen ist das Schlüsselwort `DELETE`, das angibt, dass der Datensatz gelöscht werden soll.

4.5.2 Implementierung

In unserer expliziten Implementierung löschen wir einen Datensatz aus der Entität `Z_C_TRAVEL`. Zur Bestätigung der Löschung werden wir im

Anschluss versuchen, die gelöschte Reise nachzulesen. Dazu überschreiben wir die vorherige Implementierung in der Klasse ZCL_TRAVEL_SERVICE (siehe Listing 4.9).

```
METHOD if_oo_adt_classrun~main.
  MODIFY ENTITIES OF z_c_travel
    ENTITY z_c_travel
    DELETE FROM VALUE #( ( travelid = me->m_travel ) )
  FAILED DATA(lt_failed)
  REPORTED DATA(lt_reported)
  MAPPED DATA(lt_mapped).
  IF lt_failed IS INITIAL.
    COMMIT ENTITIES.

    READ ENTITIES OF z_c_travel
      ENTITY z_c_travel
      ALL FIELDS WITH VALUE #( ( travelid = me->m_travel ) )
    RESULT DATA(lt_result).
    IF lt_result IS INITIAL.
      out->write( 'Eintrag erfolgreich gelöscht' ).
    ENDIF.
  ENDIF.
ENDMETHOD.
```

Listing 4.9: Klasse zum Löschen eines Eintrags implementieren

Im nächsten Schritt können wir die Klasse als Konsolenapplikation ausführen. Wenn die Ausführung erfolgreich war, erhalten wir in der Konsole eine Meldung (siehe Abbildung 4.10).

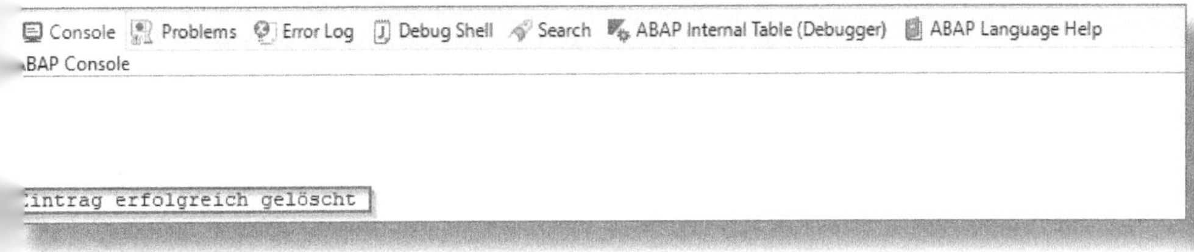

Abbildung 4.10: Löschen des Eintrags war erfolgreich

4.6 Zusammenfassung

In diesem Kapitel wurde das RAP-Modell »Travel« als Grundlage für die Einführung in die EML von der Datenstrukturdefinition bis zur Bereitstellung eines RESTful-Service behandelt. Wir haben die neuen ABAP-Sprachbefehle vorgestellt, die im RAP-Modell zum Einsatz kommen. Der Fokus lag auf dem Zugriff auf den transaktionalen Puffer mittels EML sowie der Möglichkeit, CRUD-Operationen direkt aus ABAP-Programmen heraus durchzuführen. Dies lässt eine effiziente Wiederverwendung von Code für BO zu, sowohl in Anwendungen als auch in programmatischen Kontexten.

5 Methodiken im ABAP RESTful Application Programming Model

Dieses Kapitel behandelt fortschrittliche Methodiken wie Nummernvergabe (Numbering), Bestimmungen (Determinations), Validierungen (Validations), dynamische Features (Dynamic Feature Controls), Aktionen (Actions), Funktionen (Functions), die Unmanaged-Save-Methode und die Hierarchie. Sie ermöglichen es Entwicklern, Anwendungen mit erhöhter Flexibilität, Skalierbarkeit und Leistungsfähigkeit zu gestalten.

Gemeinsam erforschen wir die Möglichkeiten, die RAP bietet, und lernen, wie diese Methodiken dazu beitragen, Anwendungen effizient zu entwickeln und zu optimieren. Treten wir also diese spannende Reise an.

5.1 Numbering

5.1.1 Theoretische Grundlagen

Das Numbering (Nummernvergabe) in Datenbanken bezieht sich auf das automatische Zuweisen eindeutiger Primärschlüssel in RAP-BO. Bei spezifischen Prozessen möchte der Benutzer den Schlüssel manuell eingeben. Bei anderen spielt das Numbering eine nebensächliche Rolle und kann ggf. auch Lücken enthalten. In bestimmten Zusammenhängen gibt es die gesetzliche Vorgabe einer fortlaufenden Nummerierung, die keine Lücken enthalten darf. Für all diese verschiedenen Fälle hält das RAP Lösungen bereit, die wir Ihnen vorstellen möchten.

Es gibt drei verschiedene Arten des Numbering, auf die wir in diesem Abschnitt näher eingehen und die Unterschiede aufzeigen werden. Das

Numbering erfolgt für den Primärschlüssel einer CDS-View. Diese besteht aus einem oder mehreren Feldern, die mit der Anweisung `key` beschrieben werden.

Anhand unseres Beispiels wurde in Listing 5.1 für die Root View Entity `Z_I_TRAVEL` das Feld `travel_id` als Primärschlüssel definiert.

```
define root view entity Z_I_TRAVEL
as select from /dmo/travel
{
key travel_id as TravelId
...
}
```

Listing 5.1: Primärschlüssel für »travel_id« definieren

Early, Late und External Numbering

Das Early Numbering setzt die Werte des Primärschlüssels direkt nach dem Aufruf des `CREATE`-Request. Die Werte können durch das RAP-Framework vergeben werden, programmatisch über die `FOR-NUMBERING`-Methode oder durch eine Benutzereingabe aus dem Frontend (sogenanntes External Numbering). Auf die Implementierung der `FOR-NUMBERING`-Methode werden wir im weiteren Verlauf dieses Kapitels eingehen. Das Early Numbering wird mit der Anweisung `early numbering` in der Behavior Definition implementiert (siehe Listing 5.2).

```
define behavior for Z_I_TRAVEL //alias <alias_name>
persistent table /DMO/TRAVEL
lock master
authorization master ( instance )
early numbering
{
[ . . . ]
}
```

Listing 5.2: Early Numbering implementieren

Das Late Numbering wird während des Speicherprozess an der der letzten Stelle während der Speicherung, dem sogenannten »point of no return«, aufgerufen. An dieser Stelle wurde bereits die Konsistenz des BO bestätigt und die Speichersequenz ausgelöst. Dadurch kann sichergestellt werden, dass in dem Numbering keine Lücken entstehen und immer die nächste Nummer ermittelt wird. Das Late Numbering wird mit der Anweisung `late numbering` in die Behavior Definition implementiert (siehe Listing 5.3).

```
define behavior for Z_I_TRAVEL //alias <alias_name>
persistent table /DMO/TRAVEL
lock master
authorization master ( instance )
late numbering
{
...
}
```

Listing 5.3: Late Numbering implementieren

Managed und Unmanaged Numbering

Es gibt zwei Arten des Numberings:

Bei dem *Managed Numbering* wird eine Nummer durch das RAP-Framework vergeben. Dabei handelt es sich um eine UUID im RAW16-Format. Dieses automatische Numbering wird in der Behavior Definition mit der Anweisung `numbering : managed` für ein UUID-Feld vergeben:

```
field ( numbering : managed ) UUID;
```

Ein Managed Numbering war ursprünglich nur bei einer Early-Numbering-Implementierung möglich. Die SAP-S/4HANA-Version 2022 FPS00 erlaubte sie erstmals auch in einem Late-Numbering-Szenario.

Ein Unmanaged Numbering wird bei einer individuellen Nummernvergabe eingesetzt und muss durch einen ABAP-Code in die Behavior Definition implementiert werden.

In Tabelle 5.1 finden Sie eine Übersicht der möglichen Kombinationen der Numberings.

	Early Numbering	Late Numbering
External	ja	nein
Managed	ja	ab SAP-S/4HANA-Version 2022 FPS00
Unmanaged	ja	ja

Tabelle 5.1: Nummernvergabe – Kombinationen

5.1.2 Implementierung

Nummernvergabe für neu angelegte Reisen

In unserem Beispiel werden wir ein Late Numbering implementieren, das die nächste freie Nummer als `TravelId` vergibt.

Wir öffnen hierzu zunächst die Behavior Definition zur Root View Entity `Z_I_TRAVEL`. Dort fügen wir, wie in Abbildung 5.1 zu sehen, die Anweisung `late numbering` ein.

[S4H] Z_I_TRAVEL

```
managed implementation in class zcl_i_travel unique;
strict;

define behavior for Z_I_TRAVEL //alias <alias_name>
persistent table /DMO/TRAVEL
lock master
authorization master ( instance )
late numbering
{
  create;
```

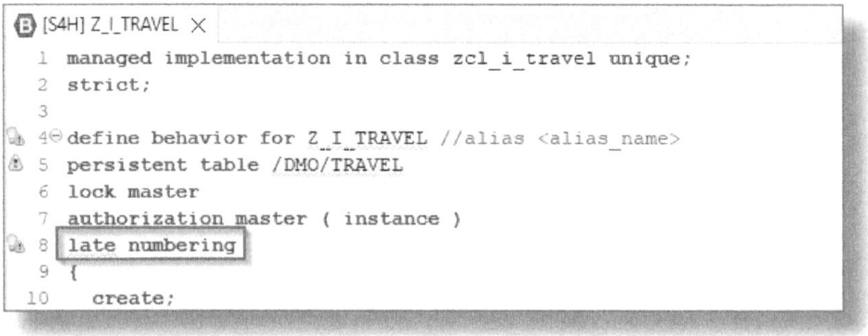

Abbildung 5.1: Anweisung »late numbering« einfügen

Anschließend wird uns das Quick-Fix-Symbol ( ) angezeigt. Wir lassen uns entweder durch die Tastenkombination Strg + 1 oder durch einen Klick auf das Symbol den Vorschlag anzeigen (siehe Abbildung 5.2).

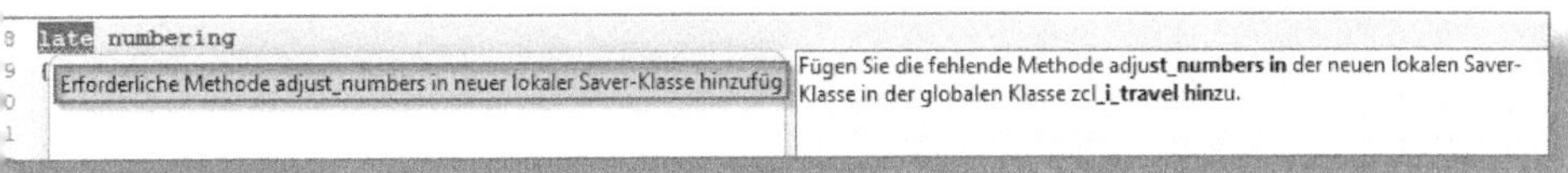

Abbildung 5.2: Quick Fix – Anzeige

Wir bestätigen den Quick Fix durch einen Doppelklick oder die `Enter`-Taste. Dadurch wird die Methode ADJUST_NUMBERS automatisch in der lokalen Klassenimplementierung der Klasse ZCL_I_TRAVEL angelegt (siehe Abbildung 5.3).

[S4H] ZCL_I_TRAVEL

ZCL_I_TRAVEL

```
CLASS lsc_z_i_travel DEFINITION INHERITING FROM cl_abap_behavior_saver.

  PROTECTED SECTION.

    METHODS adjust_numbers REDEFINITION.

ENDCLASS.

CLASS lsc_z_i_travel IMPLEMENTATION.

  METHOD adjust_numbers.
  ENDMETHOD.

ENDCLASS.
```

Abbildung 5.3: Methode »adjust_numbers«

In dieser Methode möchten wir die nächste freie Nummer vergeben, indem wir die maximale `TravelId` von der Datenbanktabelle `/DMO/TRAVEL` selektieren und um eins inkrementieren (siehe Listing 5.4).

```
METHOD adjust_numbers.
  SELECT MAX( travel_id ) FROM /dmo/travel
  INTO @DATA(lv_max).
    LOOP AT mapped-z_i_travel ASSIGNING
    FIELD-SYMBOL(<ls_travel>).
      lv_max = lv_max + 1.
```

```
      <ls_travel>-TravelId = lv_max.
    ENDLOOP.
ENDMETHOD.
```

Listing 5.4: Methode »adjust_numbers« – Coding

Anschließend legen wir im Frontend eine neue Reise an (siehe Abbildung 5.4), dabei lassen wir das Feld TRAVEL ID frei.

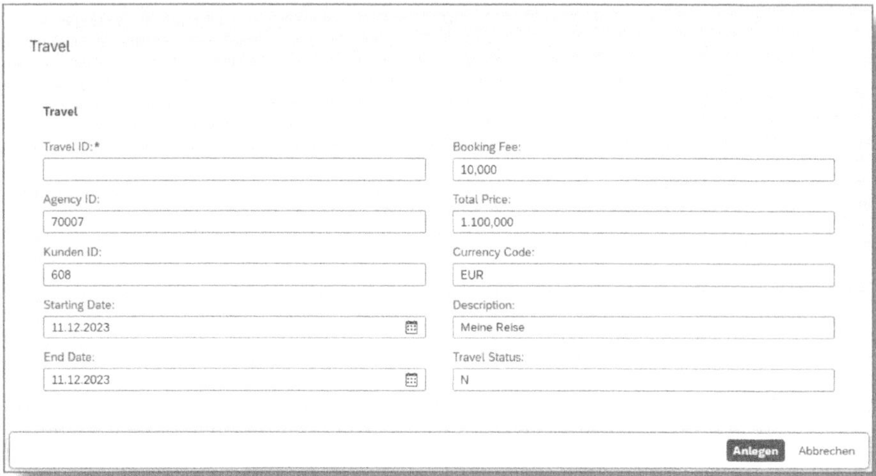

Abbildung 5.4: Neue Reise anlegen

Nach der Anlage wird automatisch die nächste freie TRAVEL ID für den Eintrag korrekt gesetzt (siehe Abbildung 5.5).

Im letzten Schritt ist es sinnvoll, das Feld TRAVEL ID als `readonly` zu setzen, sodass der Benutzer keine eigene ID für die Reise vergeben kann. Hierfür fügen wir in der Behavior Definition im Anweisungsblock eine entsprechende Ergänzung ein (siehe Listing 5.5).

Abbildung 5.5: Erfolgreiche Vergabe der Travel ID

```
managed implementation in class zcl_i_travel unique;
strict;
define behavior for Z_I_TRAVEL //alias <alias_name>
persistent table /DMO/TRAVEL
lock master
authorization master ( instance )
late numbering
{
  create;
  update;
  delete;
  field (readonly) TravelId;
 [ . . . ]
}
```

Listing 5.5: Behavior Definition »Z_I_TRAVEL«

Durch diese Anweisung wird im Frontend das Feld als nicht eingabebereit angezeigt (siehe Abbildung 5.6).

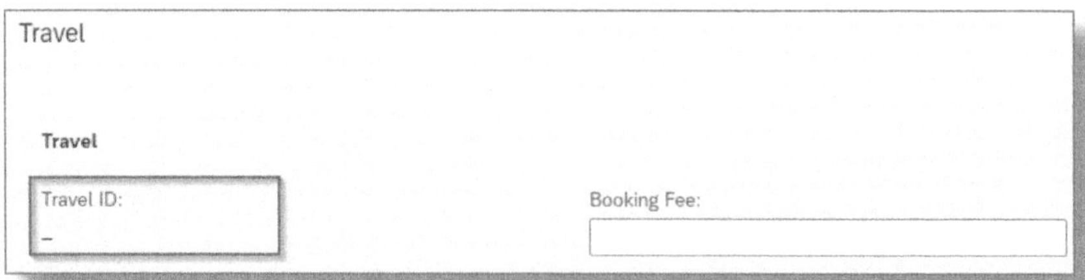

Abbildung 5.6: Feld »Travel ID« wird als »readonly« angezeigt

5.2 Determinations

5.2.1 Theoretische Grundlagen

In der Welt des RAP spielen *Determinations* eine entscheidende Rolle, wenn es darum geht, Instanzen von BO aufgrund von Auslösebedingungen zu modifizieren. Einfach gesagt, handelt es sich dabei um Regeln, die automatisch bestimmte Datenberechnungen oder Änderungen an BO-Instanzen ausführen, wenn spezifizierte Bedingungen erfüllt sind, wenn etwa bestimmte Felder modifiziert wurden. Determinations sind ein optionaler Bestandteil des Verhaltens eines BO und werden implizit von dessen Framework aufgerufen.

Die Auslösebedingung wird zum Zeitpunkt des Aufrufs, einem vordefinierten Zeitpunkt während der Laufzeit des BO, bewertet. Eine aufgerufene Determination kann Daten berechnen, Entitätsinstanzen gemäß dem Berechnungsergebnis modifizieren und dem Verbraucher Nachrichten zurückgeben, indem sie diese an die entsprechende Tabelle in der `REPORTED`-Struktur übergibt.

Besondere Laufzeitaspekte

- In Unmanaged-Szenarien werden Determinations nur für Entwurfsinstanzen unterstützt, nicht für aktive Instanzen.

- Das Ergebnis der Determination darf sich nicht ändern, wenn die Determination unter denselben Bedingungen mehrmals ausgeführt wird.
- Die Ausführungsreihenfolge von Determinations ist nicht festgelegt. Wenn mehr als eine Determination durch dieselbe Bedingung ausgelöst wird, ist nicht bekannt, welche Determination zuerst ausgeführt wird.
- Sobald eine Determination ausgelöst wurde, muss sie unabhängig von anderen Determinations ausgeführt werden.

5.2.2 Determinations im Sinne des RAP

Beginndatum für neue Travel-Instanz automatisch setzen

Wir implementieren nun eine neue Determination namens `setDefaultBeginDate`. Sie wird genutzt, um beim Erstellen das Systemdatum als Standardwert für das Beginndatum (BEGINDATE) der neuen Travel-Instanz zu setzen. Dabei wird die Determination automatisch aktiviert, wenn der Verbraucher eine neue Travel-Instanz erstellt.

Zunächst definieren wir die Determination in der Behavior Definition `Z_I_TRAVEL`. Hierfür fügen wir in die Define-Behavior-Klausel der Hauptentität folgendes Statement ein:

```
determination setDefaultBeginDate on modify { create; }
```

Auf diese Weise geben wir an, dass die Determination `setDefaultBeginDate` bei einer modifizierenden Operation ausgelöst wird, und schränken das mit einer anschließenden Operationsspezifizierung ein. In unserem Beispiel ist die Auslösebedingung eine `create`-Operation.

Nach anschließender Aktivierung der Behavior Definition erscheint ein Eclipse-Quick-Fix ( ) in der Zeile mit der Determination. Er kann mit einem Linksklick ❶ ausgelöst werden, um die Methode in der Behavior Implementation anzulegen (siehe Abbildung 5.7).

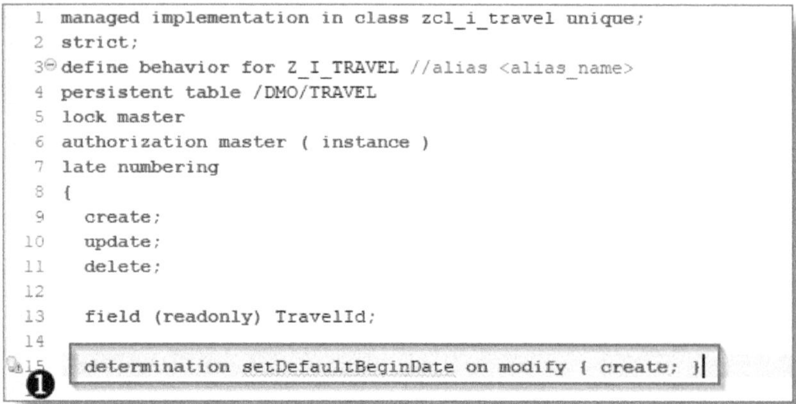

```
managed implementation in class zcl_i_travel unique;
strict;
define behavior for Z_I_TRAVEL //alias <alias_name>
persistent table /DMO/TRAVEL
lock master
authorization master ( instance )
late numbering
{
  create;
  update;
  delete;

  field (readonly) TravelId;

  determination setDefaultBeginDate on modify { create; }
```

Abbildung 5.7: Definition – Determination

Anschließend erscheint ein Pop-up, das die Möglichkeit bietet, die automatische Anlage der Methode zu initiieren ❶ (siehe Abbildung 5.8).

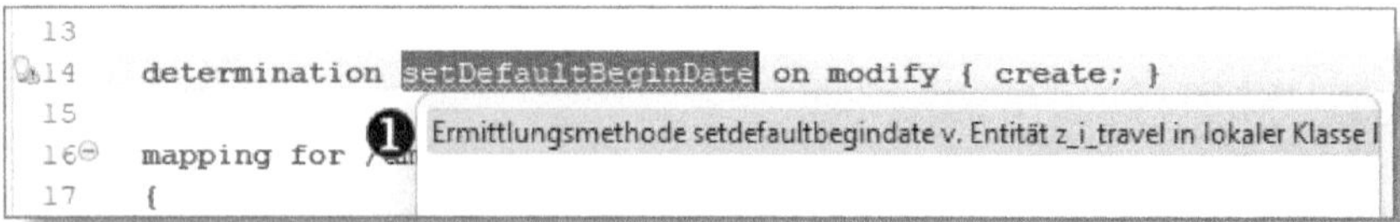

```
  determination setDefaultBeginDate on modify { create; }

  mapping for /
  {
```

Ermittlungsmethode setdefaultbegindate v. Entität z_i_travel in lokaler Klasse l

Abbildung 5.8: Quick Fix – Determination

Wir sollten nun die Klasse mit der Behavior Implementation sehen, wobei das System uns automatisch zu der neu generierten Determination-Methode navigiert. Nun implementieren wir die Methode `setdefaultbegindate` mit folgender Funktionalität (siehe Listing 5.6): Wir lesen das Beginndatum (`begindate`) der Instanzen aus. Sofern es

INITIAL ist, wird das sy-datum auf dieses Feld geschrieben. Wir nutzen in diesem Zuge die EML-Statements READ und MODIFY, die in Kapitel 4 behandelt wurden.

```
METHOD setdefaultbegindate.
    READ ENTITIES OF z_i_travel
      IN LOCAL MODE
      ENTITY z_i_travel
      ALL FIELDS WITH CORRESPONDING #( keys )
      RESULT DATA(lt_read_results)
      FAILED DATA(lt_failed)
      .

    MODIFY ENTITIES OF z_i_travel
      IN LOCAL MODE
      ENTITY z_i_travel
      UPDATE FIELDS ( BeginDate ) WITH VALUE #( FOR result IN
lt_read_results (
        %tky = result-%tky
        begindate = COND #(
          WHEN result-begindate IS INITIAL THEN sy-datum
          ELSE result-begindate
        )
      )
      )
      REPORTED DATA(lt_reported_from_update)
      FAILED DATA(lt_failed_from_update)
      MAPPED DATA(lt_mapped_from_update).

    reported = CORRESPONDING #( DEEP lt_reported_from_update
).
ENDMETHOD.
```

Listing 5.6: Methode »setdefaultbegindate« – Determination

Nun testen wir unseren Code und wechseln hierfür in die Fiori Preview. Dort legen wir ein neues Objekt an und befüllen bewusst das Attribut STARTING DATE nicht (siehe Abbildung 5.9).

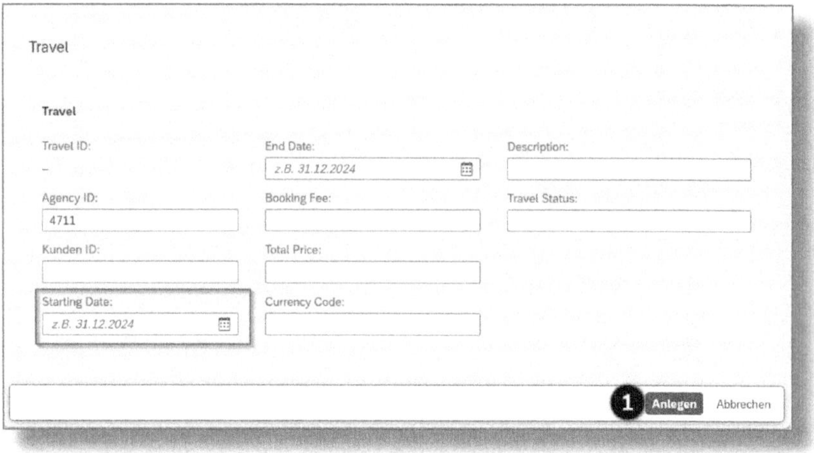

Abbildung 5.9: Test – Determination

Anschließend sehen wir das zuvor angelegte Objekt (siehe Abbildung 5.10). Als `BeginDate` bzw. STARTING DATE wurde der 12. Dezember 2023 eingetragen. Dies war in diesem Fall das Systemdatum (Variable `sy-datum`).

Abbildung 5.10: Resultat – Determination

Die Verwendung von Determinations im RAP ermöglicht eine flexible Steuerung von Modifikationen an Instanzen von BO, basierend auf definierten Auslösebedingungen. In diesem Beispiel wurde die Determination-Methode `setDefaultBeginDate` implementiert, um das Systemdatum für das Feld BEGINDATE beim Erstellen einer neuen Travel-Instanz zu setzen. Die Auslösebedingung wird erfüllt, wenn eine neue Instanz erstellt wird.

Laufzeitaspekte von Determinations und die Möglichkeit der Aktivierung nur für Entwurfsinstanzen werden berücksichtigt. Die Definition und Implementierung der Determination erfolgt in der Behavior Definition des Hauptentitätsobjekts. Dies unterstreicht die Flexibilität und Mächtigkeit von Determinations im RAP-Framework.

5.3 Validations

5.3.1 Theoretische Grundlagen

Validations, also Validierungen, sind ein entscheidender Bestandteil im Prozess der Datenverarbeitung in BO. Sie werden während der Speichersequenz eines BO ausgeführt und dienen dazu, die Integrität und Korrektheit der Daten zu gewährleisten. Der Zweck einer Validation besteht darin, die eingegebenen Daten zu überprüfen und sicherzustellen, dass sie den definierten Geschäftsregeln und Anforderungen entsprechen.

Falls die Validation einen Fehler feststellt, löst dies eine Unterbrechung der Speichersequenz aus. Das System signalisiert dem Anwender, dass eine Korrektur erforderlich ist, bevor der Speichervorgang fortgesetzt werden kann. Diese Unterbrechung ist wesentlich, da sie verhindert, dass ungültige oder fehlerhafte Daten in das System übernommen werden. Das führt letztendlich zu zuverlässigeren und effizienteren Geschäftsprozessen.

Man unterscheidet generelle Validations und Validations auf Feldebene. Bei einer *generellen Validation* wird bei jeder Änderung eines BO die Validation durchlaufen. Das bedeutet, unabhängig davon, welche spezifischen Felder geändert wurden, wird die gesamte Validation-Logik ausgeführt. Dies ist besonders nützlich, wenn mehrere Felder in einem Objekt voneinander abhängig sind oder wenn die Validation die Gesamtstruktur des Objekts betrifft.

Im Gegensatz dazu wird die *Validation auf Feldebene* nur dann durchgeführt, wenn sich der Wert eines bestimmten Feldes geändert hat. Diese Art der Validation ist effizienter, wenn nur einzelne Felder überprüft werden müssen und keine Abhängigkeiten zu anderen Teilen des Objekts bestehen. Sie ermöglicht eine fokussierte Überprüfung, die Ressourcen spart und den Verarbeitungsprozess beschleunigt.

Syntax der Validation

Die Validation wird in der Behavior Definition mit der Anweisung `validation` definiert, gefolgt von dem Namen (`<NAME>`) der Validation und dem auslösenden Ereignis (`<OPTIONS>`):

```
validation <NAME> on save { <OPTIONS> }
```

Wie bereits in der Einleitung beschrieben, kann die Validation auf einzelne Felder eingegrenzt werden. Hierfür wird die Anweisung `field` verwendet. Zusätzlich lässt sich mit den Anweisungen `create`, `update` oder `delete` festlegen, dass die Validation nur durch die entsprechenden Änderungsoperationen ausgelöst wird. Fehlt eine derartige Angabe, wird die Validation bei jeder Änderungsoperation durchlaufen.

5.3.2 Implementierung

Euro als einzig gültige Währung

In unserem konkreten Beispiel möchten wir eine Validation für das Währungsfeld implementieren: Es soll sichergestellt werden, dass nur Euro als Währung akzeptiert wird.

Hierfür legen wir eine Validation auf Feldebene für das Feld `CurrencyCode` an:

```
validation checkCurrency on save { field CurrencyCode; }
```

In Eclipse wird uns wieder das Quick-Fix-Symbol ( ) angezeigt. Wir können uns auch hier entweder durch die Tastenkombination [Strg] + [1] oder durch einen Klick auf das Symbol den Vorschlag des Systems anzeigen lassen (siehe Abbildung 5.11).

17 Validierung Z_I_TRAVEL ~ CHECKCURRENCY ist nicht implementiert rrencyCode; }

Abbildung 5.11: Validation – Vorschlag

Wir bestätigen den Quick Fix durch einen Doppelklick oder die [Enter]-Taste.

Anschließend lesen wir mit dem EML-Statement `READ ENTITIES OF` die zu validierenden Einträge und prüfen, welche Währung jeweils eingegeben wurde (siehe Listing 5.7). Wir fügen die Einträge, bei denen nicht `EUR` als Währung gesetzt ist, mit den Schlüsselwerten zur generierten Struktur `failed` hinzu. Zusätzlich erstellen wir einen neuen Eintrag mit einer Meldung in der Komponente `%msg` der generierten Struktur `reported`. Um das betroffene Feld in der Anwendung zu markieren, setzen wir den Wert der Konstante `if_abap_behv=>mk-on` in das Feld `currencycode` der Komponente `%element` ein.

```
METHOD checkCurrency.
 READ ENTITIES OF z_i_travel
  IN LOCAL MODE
  ENTITY z_i_travel
  ALL FIELDS WITH CORRESPONDING #( keys )
  RESULT DATA(lt_read_results)
  FAILED DATA(lt_failed_results).

 LOOP AT lt_read_results ASSIGNING
 FIELD-SYMBOL(<ls_result>).
   IF <ls_result>-CurrencyCode <> 'EUR'.
```

```
      INSERT VALUE #(
         %pid = <ls_result>-%pid
         travelid = <ls_result>-TravelId
      ) INTO TABLE failed-z_i_travel.

      INSERT VALUE #(
         %pid = <ls_result>-%pid
         travelid = <ls_result>-TravelId
         %msg = new_message_with_text(
          severity = if_abap_behv_message=>severity-error
          text = 'Es wird nur Euro als Währung akzeptiert'
         )
         %element-currencycode = if_abap_behv=>mk-on
      ) INTO TABLE reported-z_i_travel.

    ENDIF.
  ENDLOOP.
ENDMETHOD.
```

Listing 5.7: Methode »checkCurrency«

Als Ergebnis erhalten wir eine Fehlermeldung in der Anwendung, falls wir eine andere Währung als *EUR* im Frontend eingeben und speichern (siehe Abbildung 5.12).

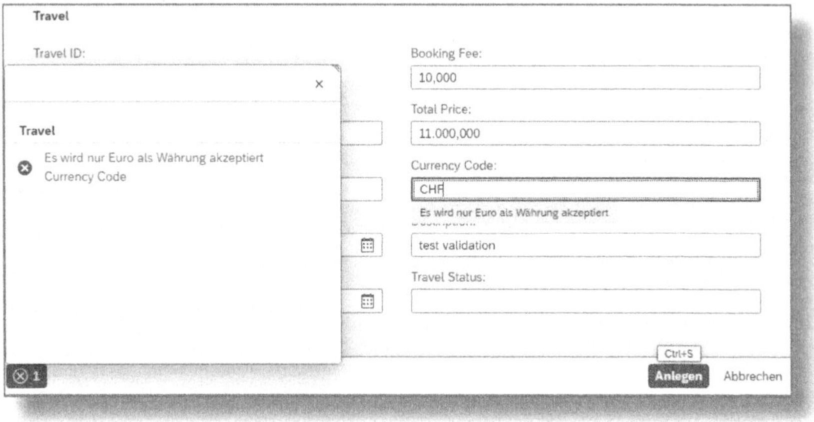

Abbildung 5.12: Erfolgreiche Validation im Frontend

Mit Abschluss der Implementierung haben wir eine effektive Methode geschaffen, um sicherzustellen, dass nur der Wert *EUR* für das Währungsfeld akzeptiert wird. Diese Validation ist ein entscheidender Bestandteil zur Aufrechterhaltung der Datenintegrität und zur Gewährleistung konsistenter Geschäftsprozesse. Unser Beispiel illustriert, wie eine präzise und fokussierte Datenvalidierung innerhalb des RAP-Modells umgesetzt wird – ein grundlegendes Element für die Entwicklung robuster und zuverlässiger SAP-Anwendungen. Mit solchen maßgeschneiderten Validations können wir als Entwickler die Qualität der Benutzerinteraktionen erhöhen und gleichzeitig die Stabilität und Zuverlässigkeit unserer Systeme sicherstellen. Dieser Ansatz, kombiniert mit der Flexibilität und Effizienz des RAP-Modells, bietet uns eine starke Grundlage für zukünftige Entwicklungen und Optimierungen.

5.4 Actions

5.4.1 Theoretische Grundlagen

Eine Action (Aktion) ist eine POST-Operation (ändernder Zugriff) in der Behavior Definition. Sie kann einen Bezug zu einer Entität aus dem BO haben, muss es aber nicht. Der Vorteil einer Action ist, dass Sie nicht in den Änderungsmodus einer einzelnen Entität wechseln müssen und somit Änderungen an einem BO vornehmen können, ohne explizit die Entität zu bearbeiten. Es ist möglich, beliebig komplexe Logiken in eine Action einzubauen, die nicht mit dem eigentlichen BO in Zusammenhang stehen.

Eine Action wird mit der Anweisung `action` definiert, es wird ein Name (`<NAME>`) für die Action vergeben, optional ein Parameter (`<ENTITY>`), eine Rückgabekardinalität (`<C>`) und eine Rückgabeentität (`<ENTITY>`):

```
action <NAME> parameter <ENTITY> result [<C>] <ENTITY>;
```

Verschiedene Typen von Actions

Es gibt verschiedene Typen von Actions, die Unterschiede zwischen diesen möchten wir Ihnen im Schnelldurchlauf erklären.

Action

Eine *Action* hat einen Bezug zur Entität, und es werden automatisch die Schlüsselfelder der Entität in die Action durchgereicht, sodass ein Zusammenhang zu den ausgewählten Zeilen im Frontend hergestellt werden kann. Die Anweisung in der Behavior Definition hierfür lautet `action`. Ein Beispiel wäre das Aktualisieren des Reisestatus für die ausgewählten Reisen im Frontend:

```
action setTravelAccepted result [1] $self;
```

Internal Action

Normalerweise können Actions auch von extern aufgerufen werden, z. B. durch ein ODATA-Request. Jedoch kann es sein, dass Actions nur innerhalb der Business-Logik desselben BO aufgerufen werden sollen. Hierfür werden *Internal Actions* verwendet, die Anweisung lautet in der Behavior Definition `internal action`. Ein Beispiel wäre die Neuberechnung der Preise bei der Änderung der Währung:

```
internal action calcPriceForCurrency result [1] $self;
```

Static Action

Eine *Static Action* (statische Aktion) ist losgelöst von der implementierenden Entität und benötigt keinen Bezug zu dieser. In der Behavior Definition steht hierfür der Befehl `static action`; ein Exempel wäre die Stornierung aller vorhandenen Reisen, wobei kein expliziter Bezug zu einer Zeile vonnöten ist:

```
static action cancelAllTravel;
```

Factory Action

Die *instanzbasierte Factory Action* eignet sich bei kopierenden Vorgängen, da hierbei vorhandene Werte von einer bestehenden Instanz übernommen werden. Bei einer *static Factory Action* können Vorschlagswerte übernommen werden. Die Anweisung hierfür lautet in der Behavior Definition `factory action`.

Ein Beispiel für eine instanzbasierte Factory Action wäre die Kopie einer bestehenden Reise. Die Rückgabekardinalität einer Factory Action ist immer `[1]`:

```
factory action copyTravel [1];
```

! Release-Abhängigkeit

Das Feature für instanzbasierte Factory Actions ist erst ab der SAP-S/4HANA-Version 2022 FPS00 verfügbar.

5.4.2 Implementierung

Stornieren aller Reisen eines Kunden

In unserem konkreten Beispiel werden wir eine Static Action implementieren, die alle Reisen für einen Kunden auf »Storniert« setzt.

Konkret werden wir ein Pop-up für die Eingabe einer Kundennummer im Frontend erstellen und anschließend sämtliche Reisen für die eingegebene Kundennummer auf den Status *X* (cancelled) setzen.

Zuerst legen wir eine abstrakte Entität für die Eingabe der Kundennummer fest. Hierfür erstellen wir eine DATA DEFINITION in Eclipse (siehe Abbildung 5.13), vergeben einen NAMEN (hier *Z_A_CANCEL_TRAVEL*) ❶ sowie eine Beschreibung ❷ und bestätigen mit NEXT ❸.

> **Abstrakte Entität**
>
> Eine abstrakte Entität ist eine Struktur ohne einen Bezug zu einer Datenbanktabelle. Diese kommt häufig zum Einsatz, wenn Parameter von oder an eine Action bzw. Function übergeben werden sollen.

Abbildung 5.13: Datendefinition anlegen

Nach der Transportauswahl markieren wir, wie in Abbildung 5.14 gezeigt, das TEMPLATE *Define Abstract Entity with Parameters* ❶ und bestätigen mit FINISH ❷.

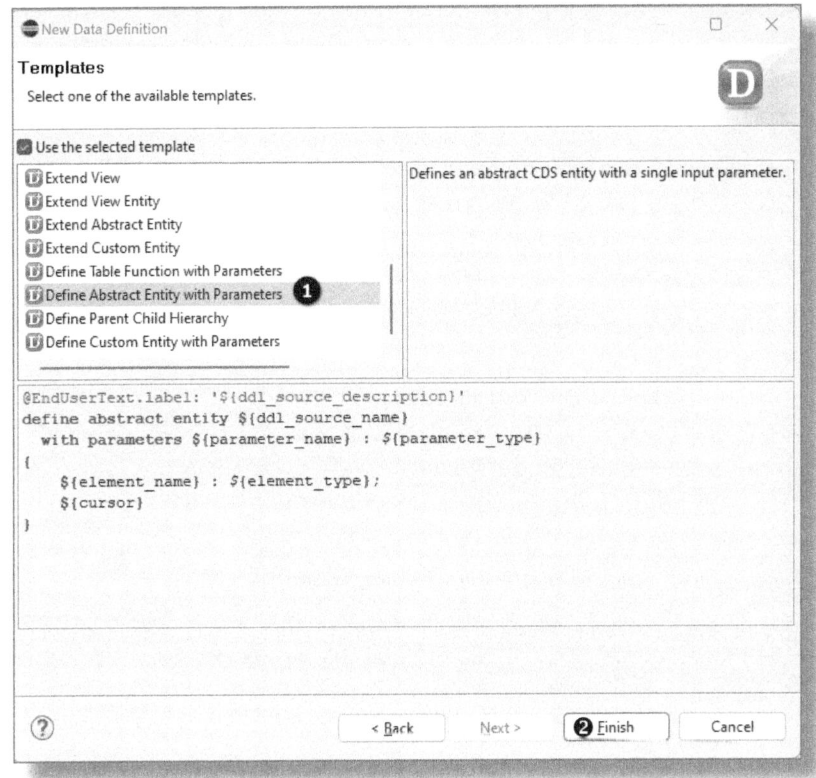

Abbildung 5.14: Template für die abstrakte Entität auswählen

Nun fügen wir die Komponente `CustomerId` für die Eingabe der Kundennummer in die abstrakte Entität ein und löschen die automatisch generierte Anweisung für Parameter aus der abstrakten Entität (siehe Listing 5.8).

```
@EndUserText.label: 'Abstract Entity Cancel Travel'
define abstract entity Z_A_CANCEL_TRAVEL
{
   key CustomerId : /dmo/customer_id;
}
```

Listing 5.8: Komponente »CustomerId«

Im nächsten Schritt legen wir in der Behavior Definition »Z_I_TRAVEL« eine neue Static Action an mit der abstrakten Entität als Parameter:

```
static action cancelTravel parameter Z_A_CANCEL_TRAVEL;
```

Anschließend kann die Action mit einem Quick Fix, wie in Abbildung 5.15 zu sehen, in die Klasse implementiert werden.

```
static action cancelTravel parameter Z_A_CANCEL_TRAVEL;
```

Methode für Aktion canceltravel v. Entität z i travel in lokaler Klasse lhc z i

Abbildung 5.15: Quick Fix für die Implementierung der Action

Bevor wir die Action implementieren, muss sie noch in der Projection View `Z_C_TRAVEL` bekannt gemacht werden. Dazu fügen wir dort die Action mit der Anweisung `use action` ein (siehe Listing 5.9).

```
projection;
strict;

define behavior for Z_C_TRAVEL //alias <alias_name>
{
  use create;
  use update;
  use delete;

  use action cancelTravel;
}
```

Listing 5.9: Behavior Definition »Z_C_TRAVEL« – Action

Nun muss die Function noch als Action in die CDS-View `Z_C_TRAVEL` integriert werden. Dazu fügen wir für das Feld `Status` die `LineItem`-Annotation hinzu (siehe Listing 5.10).

```
@UI: { lineItem: [{ position: 100 },{ type: #FOR_ACTION,
dataAction: 'cancelTravel', label: 'Cancel Travel' }],
identification: [{ position: 100 }] }
  Status,
```

Listing 5.10: Feld »Status« – Annotation »lineItem«

Im letzten Schritt implementieren wir die Action in den Programmcode, dazu bauen wir das Coding in die Methode `cancelTravel` ein (siehe Listing 5.11).

```
METHOD cancelTravel.
LOOP AT keys INTO DATA(ls_keys).
  SELECT * FROM /dmo/travel WHERE customer_id = @ls_keys-
%param-CustomerId INTO TABLE @DATA(lt_travels).
  IF sy-subrc = 0.
    LOOP AT lt_travels INTO DATA(ls_travel).
      UPDATE /dmo/travel SET Status = 'X' WHERE travel_id = @
ls_travel-travel_id.
      IF sy-subrc = 0.
        APPEND VALUE #( travelid = ls_travel-travel_id %cid =
ls_keys-%cid ) TO mapped-z_i_travel.
        APPEND VALUE #( travelid = ls_travel-travel_id %cid =
ls_keys-%cid
                        %msg = new_message_with_text(
severity = if_abap_behv_message=>severity-success
                                                       text =
'Reise' && | | && ls_travel-travel_id && | | && 'erfolgreich
aktualisiert' ) ) TO reported-z_i_travel.
      ELSE.
        APPEND VALUE #( travelid = ls_travel-travel_id %cid =
ls_keys-%cid ) TO failed-z_i_travel.
        APPEND VALUE #( travelid = ls_travel-travel_id %cid =
ls_keys-%cid
                        %msg = new_message_with_text(
severity = if_abap_behv_message=>severity-error
                                                       text
= 'Fehler bei Reise ' && | | && ls_travel-travel_id ) ) TO
reported-z_i_travel.
      ENDIF.
    ENDLOOP.
  ENDIF.
ENDLOOP.
ENDMETHOD.
```

Listing 5.11: Methode »cancelTravel«

Wechseln wir nun in das Frontend, sehen wir die definierte Static Action über der Tabellenanzeige (siehe Abbildung 5.16).

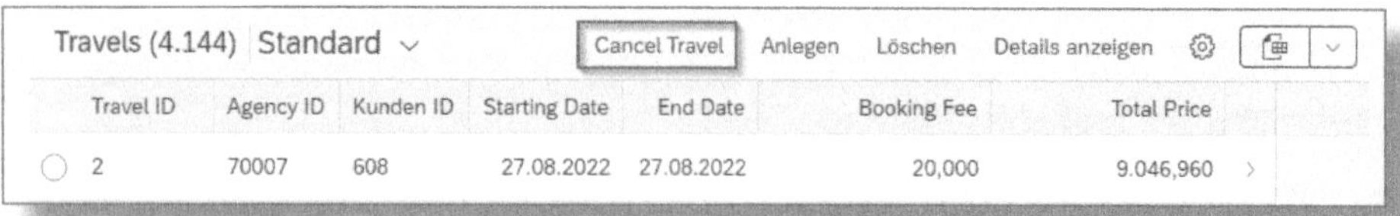

Abbildung 5.16: Stornieren von Reisen – Action

Nach einem Klick auf die Action erscheint ein Pop-up zur Eingabe der Kundennummer (siehe Abbildung 5.17).

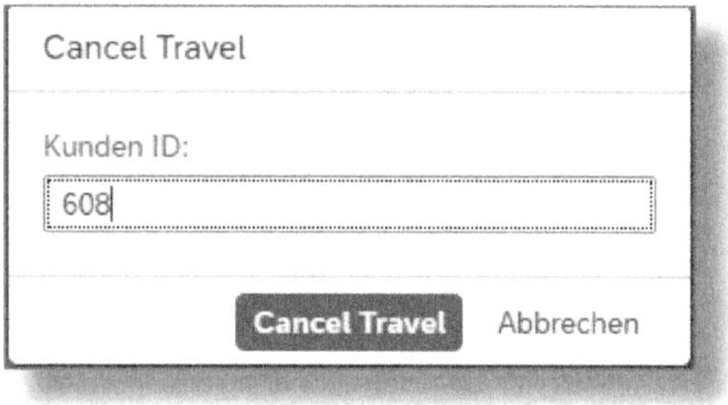

Cancel Travel

Kunden ID:

608

Cancel Travel Abbrechen

Abbildung 5.17: Eingabe der Kundennummer – Pop-up

Im Anschluss an die Ausführung der Action durch die Schaltfläche CANCEL TRAVEL wird gemeldet, welche Reisen erfolgreich aktualisiert wurden (siehe Abbildung 5.18).

Wie wir gesehen haben, bieten uns Actions einen einfachen Weg, um komplexe Geschäftslogiken anzustoßen, ohne dass wir Änderungen an dem eigentlichen BO vornehmen müssen.

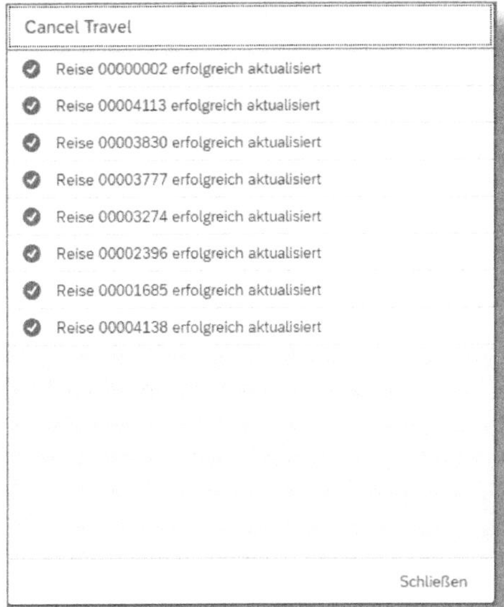

Abbildung 5.18: Durchgeführte Änderungen – Übersicht

5.5 Functions

5.5.1 Theoretische Grundlagen

Bei einer Function handelt es sich um eine GET-Operation (lesender Zugriff), welche in der Behavior Definition festgelegt wird. Sie kann einen Bezug zu einer Entität aus dem BO haben, muss es aber nicht. Eine Function wird analog zur Action mit der Anweisung `function` definiert; es werden ein Name für die Function (`<NAME>`), (optional) Parameter (`<ENTITY>`), eine Rückgabekardinalität (`<C>`) und eine Rückgabeentität (`<ENTITY>`) vergeben.

```
function <NAME> parameter <ENTITY> result [<C>] <ENTITY>;
```

Verschiedene Typen von Functions

Die Unterschiede zwischen Actions und Functions bestehen hauptsächlich in der HTTP-Methode: Bei Actions wird POST verwendet, bei Functions hingegen GET. Wir möchten Ihnen an dieser Stelle Beispiele für unterschiedliche Nutzungen von Functions aufzeigen, die sich in zwei Typen gliedern lassen: Functions und Static Functions.

Function

Die Function führt anhand der im Frontend ausgewählten Zeilen eine kontextabhängige Function durch. Sie wird in der Behavior Definition mit der Anweisung `function` bezeichnet. Ein Beispiel wäre die Ausgabe der Anzahl von Reisen pro Kundennummer:

```
function countTravel result [1..*] $self;
```

Static Function

Eine Static Function ist losgelöst von der eigentlichen Entität und benötigt keinen Bezug zu deren Schlüsselfeldern. Die Anweisung in der Behavior Definition hierfür lautet `static function`. Verwendet werden könnte sie etwa für das Lesen von Default-Werten aus dem Backend bei der Anlage einer neuen Reise:

```
static function defaultValues result [1] $self;
```

5.5.2 Implementierung

Ermittlung der Kundennummer

In unserem Beispiel werden wir eine kontextabhängige Function implementieren, welche die Kundennummer für die im Frontend ausgewählte Reise ermittelt. Anschließend wird die Anzahl der Reisen für die Kundennummer in einem Message Toast als Information ausgegeben.

In der Behavior Definition legen wir die neue Function `countTravel` mit dem Rückgabeparameter `[1..*] $self` an:

```
function countTravel result [1..*] $self;
```

Anschließend wird die Function mit einem Quick Fix, wie in Abbildung 5.19 zu sehen ist, in die Klasse implementiert.

```
function countTravel result [1..*] $self;

validation chec  Methode für Funktion counttravel von Entität z_i_travel in lok. Klasse lhc_z_i_tr
```

Abbildung 5.19: Anlage der Methode mittels Quick Fix

Danach können wir das Coding für die Function ergänzen, das die Anzahl der Reisen pro Kundennummer ausgibt (siehe Listing 5.12).

```
   METHOD counttravel.
     READ ENTITIES OF z_i_travel
      IN LOCAL MODE
      ENTITY z_i_travel
      ALL FIELDS WITH CORRESPONDING #( keys )
      RESULT DATA(lt_read_results)
      FAILED DATA(lt_failed_results).

     LOOP AT lt_read_results INTO DATA(ls_result).
       SELECT COUNT(*) FROM z_i_travel WHERE customerid = @
 ls_result-customerid INTO @DATA(lv_travels).
       IF sy-subrc = 0.
         APPEND VALUE #( travelid = ls_result-travelid %pid =
 ls_result-%pid ) TO result.
         APPEND VALUE #( travelid = ls_result-travelid %pid =
 ls_result-%pid
                    %msg = new_message_with_text( severity =
 if_abap_behv_message=>severity-information
                                                  text =
 |Der Kunde | && ls_result-CustomerId && | hat | && lv_travels
 && | Reisen| ) ) TO reported-z_i_travel.
       ENDIF.
```

```
    ENDLOOP.

  ENDMETHOD.
```

Listing 5.12: Methode »counttravel«

Im nächsten Schritt machen wir die Function in der Projection Behavior Definition Z_C_TRAVEL verfügbar. Hierfür nutzen wir die Anweisung `use function` (siehe Listing 5.13).

```
projection;
strict;

define behavior for Z_C_TRAVEL //alias <alias_name>
{
  use create;
  use update;
  use delete;

  use action cancelTravel;
  use function countTravel;
}
```

Listing 5.13: Behavior Definition »Z_C_TRAVEL« – Function

Schließlich müssen wir wiederum in der Projection-CDS-View `Z_C_TRAVEL` eine Annotation für die Function einfügen. Dabei nutzen wir die gleiche Annotation wie für die Action (siehe Abschnitt 5.4.2). Dazu wird über dem Feld `CustomerId` die Annotation auf `lineItem`-Ebene ergänzt (siehe Listing 5.14).

```
@UI: { lineItem: [{ position: 30 },{ type: #FOR_ACTION,
dataAction: 'countTravel', label: 'Count Travel' }],
identification: [{ position: 30 }], selectionField: [{
position: 20 }] }
  CustomerId,
```

Listing 5.14: View Z_C_TRAVEL – Annotation für die Function

Nun wird im Frontend die neue Function angezeigt (siehe Abbildung 5.20). Zunächst ist sie noch inaktiv und wird ausgegraut, da für die Ausführung eine Zeile (Kontext) ausgewählt werden muss.

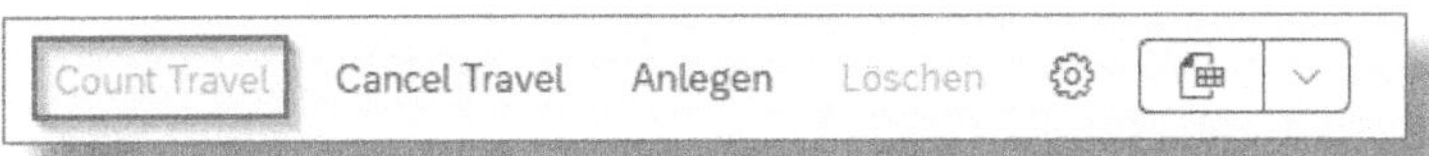

Abbildung 5.20: Neue Function im Frontend – Anzeige

Nachdem dies geschehen ist, klicken wir auf den Button COUNT TRAVEL (siehe Abbildung 5.21).

Travels (4.144) Standard ⌄ Count Travel Cancel Travel Anlegen Löschen Details anzeigen

	Travel ID	Agency ID	Kunden ID	Starting Date	End Date	Booking Fee	Total Price
⦿	2	70007	608	27.08.2022	27.08.2022	20,000	9.046,960

Abbildung 5.21: Function ausführen

Nach der Ausführung wird ein Message Toast, wie in Abbildung 5.22 gezeigt, mit der Anzahl der Reisen für die entsprechende Kundennummer ausgegeben.

Abbildung 5.22: Anzahl der Reisen – Ausgabe

5.6 Feature Control

5.6.1 Theoretische Grundlagen

Feature Control definiert, wie Daten und Operationen im Service zugänglich gemacht werden. Durch diese Steuerung können Operationen und Attribute von Entitäten bedingt deaktiviert oder verborgen werden. Fiori Elements liest diese Informationen aus den Metadaten des Service aus, sodass bestimmte Operationen und Felder je nach Bedarf ein- oder ausgeblendet werden. Diese flexiblen Einstellungen ermöglichen es Entwicklern, sensible Daten zu schützen und nur für relevante Benutzer sichtbar zu machen.

Die Implementierung von Feature Control kann auf zweierlei Arten erfolgen: statisch und dynamisch.

- Bei der *statischen* Variante (Static Feature Control) definiert man ein für alle Mal, welche Operationen für jede BO-Entität verfügbar sind und welche Felder spezifische Zugriffsbeschränkungen haben, z. B. die Pflichtfelder oder schreibgeschützte Felder.
- *Dynamisch* (Dynamic Feature Control) bedeutet dagegen, dass die Zugriffsbeschränkungen für Felder oder das Aktivieren bzw. Deaktivieren von Methoden vom Zustand des BO abhängen, beispielsweise vom Wert eines bestimmten Feldes.

In UI-Szenarien liefern die Daten, die vom Backend abgerufen werden, der UI Informationen darüber, welche Operationen gerade aktiviert sind. In einer Fiori-Elements-UI sind Operationsschaltflächen nur dann klickbar, wenn Autorisierungs- und Feature-Control-Methoden unter den aktuellen Bedingungen (dem Zustand der abgerufenen BO-Instanzen) ein positives Ergebnis liefern.

Die Definition und Implementierung von Autorisierungs- und Feature-Control-Methoden sind wichtig, da die ausgeführten Rechenoperationen auf deren Ergebnissen basieren. Beim Anzeigen des List Report oder der Object Page für eine bestimmte Instanz werden die Implementierungsmethoden für Autorisierung und Feature Control aufgerufen. Die Autorisierung für alle Aktionen wird im Voraus überprüft. Infolgedessen können Benutzer Operationen, für die sie nicht autorisiert sind, nicht starten, da deren Auslöser (Aktionsschaltflächen) nicht verfügbar sind.

Diese Funktion wird vom RAP-Framework bereitgestellt, ihre Nutzung ist jedoch keine zwingende Notwendigkeit. Sie kann als Option zu den bestehenden Funktionen hinzugefügt werden. Feature Control lässt sich auf Felder anwenden, um bestimmte Eigenschaften zu beeinflussen, aber auch auf Standardoperationen (z. B. UPDATE, DELETE) und auf Actions/Functions, die es zu aktivieren oder zu deaktivieren gilt.

Es gibt zwei unterschiedliche Arten, Feature Control zu implementieren:

- *Instanzbasiertes Feature* (»features:instance«): Die Daten der einzelnen Instanzen stehen Ihnen zur Verfügung. Es wird pro Instanz entschieden, wie das Feature behandelt wird.
- *Globales Feature* (»features:global«): Bei globalen Features gibt es keinen Zugriff auf die spezifischen Daten einzelner Instanzen. Stattdessen wird eine einmalige, globale Entscheidung getroffen, ob ein Feature verwendet wird oder nicht. Diese Entscheidung gilt dann einheitlich für alle Instanzen.

Zu beachten ist, dass eine Behavior Definition mehrere Entitäten enthalten kann. Die gewählte Feature Control (instanzbasiert oder global) gilt dann für alle in die Behavior Definition aufgenommenen Entitäten. Die Wahl hängt von den Anforderungen der Anwendung ab.

Dynamic Feature Control im instanzbasierten Kontext ermöglicht es, die Anzeige und Verfügbarkeit von Datenfeldern, Operationen oder Aktionen je nach Zustand einer BO-Instanz dynamisch zu steuern. Anders als bei der Static Feature Control, bei der die Einschränkungen nicht veränderbar sind, hängt der Zugriff auf bestimmte Funktionen oder Felder in der Dynamic Feature Control von den Laufzeitbedingungen einer Instanz ab.

Einige Schlüsselaspekte der Dynamic Feature Control im instanzbasierten Kontext sind:

- *Zustandsabhängige Steuerung*: Der Zugriff auf bestimmte Funktionen oder Felder kann durch Auslösebedingungen beeinflusst werden, die auf Veränderungen im Zustand der Instanz reagieren. Diese Trigger können auf Modifikationsvorgängen oder geänderten Feldern basieren.

- *Laufzeitkontrolle*: Im Gegensatz zur Static Feature Control, die während der Entwicklungszeit festgelegt wird, erfolgt die Kontrolle dynamischer Features während der Laufzeit. Dies ermöglicht eine flexible Anpassung an Änderungen im Verhalten des BO.
- *Individuelle Instanzbehandlung*: Jede Instanz eines BO kann individuell behandelt werden. Die Dynamic Feature Control erlaubt es, für jede Instanz unterschiedliche Einschränkungen oder Anzeigeeigenschaften festzulegen.
- *Anwendungsbezogene Anpassungen*: Dynamic Feature Control bietet eine granulare Steuerung, die sich gut für anwendungsbezogene Anpassungen eignet. Zum Beispiel kann, abhängig von bestimmten Bedingungen, eine Operation aktiviert oder deaktiviert werden.

5.6.2 Implementierung

Deaktivieren von Funktionen anhand des Status

In unserem Beispiel wollen wir für Reisen mit dem Status »N« (New) die Funktionen für das Aktualisieren und Löschen deaktivieren.

Nun widmen wir uns der Entwicklung der Dynamic Feature Control. Hierzu erweitern wir die Methoden `delete` und `update`. Diese Operationen sind derzeit immer aktiv, wenn ein Datensatz ausgewählt wird. Unser Ziel ist es jedoch, diese Operationen so zu ändern, dass die Ausführung nur gewährleistet ist, wenn der Status der Entität ungleich »N« ist. Um dies zu erreichen, nehmen wir das entsprechende Feature in die Operationen in der Behavior Definition auf:

```
update (features : instance);
delete (features : instance);
```

Wenn wir die Definition der Instance Features vorgenommen haben, erscheint ein Eclipse-Quick-Fix (, siehe ❶ in Abbildung 5.23). Wir initiieren ihn durch einen Linksklick und die Auswahl der Aktion FEHL. METHODE FÜR OP. INSTANCE_FEATURES [...] ❷, um die Methode für die Instance Features anzulegen.

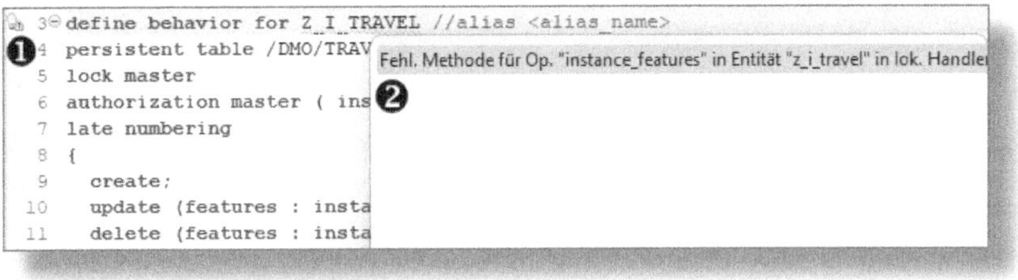

```
define behavior for Z_I_TRAVEL //alias <alias_name>
persistent table /DMO/TRAV
lock master
authorization master ( ins
late numbering
{
  create;
  update (features : insta
  delete (features : insta
```

Fehl. Methode für Op. "instance_features" in Entität "z_i_travel" in lok. Handle

Abbildung 5.23: Feature Control anlegen

Die soeben generierte Methode trägt »neue« Parameter (siehe Abbildung 5.24), die hier näher erläutert werden sollen:

- `for instance features`: Diese Klausel in der Methodensignatur gibt an, dass es sich um eine Instanzmethode handelt, die für Dynamic Feature Control auf Instanzebene verwendet wird. Das bedeutet, dass die Feature Control basierend auf den Daten einer bestimmten Instanz durchgeführt wird.
- `importing keys`: Dieser Parameter ist eine Tabelle mit den Schlüsseln der Instanzen, auf welche die Feature Control angewendet wird.
- `importing requested_features`: Hier werden Informationen darüber bereitgestellt, welche Elemente der Entität (Felder und Operationen) vom Aufrufenden für die Feature Control angefordert werden.
- `changing result`: Dies wird verwendet, um das Ergebnis der durchgeführten Feature Control zu speichern.
- `changing failed`: Dieser Parameter enthält Informationen zur Identifizierung des Datensatzes, bei dem ein Fehler aufgetreten ist.

- `changing reported`: Hier sind Daten für instanzspezifische Meldungen enthalten.

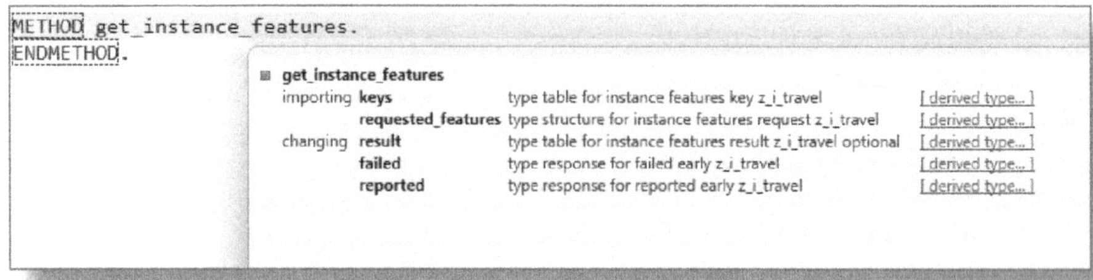

Abbildung 5.24: Methode »get_instance_features«

Zusammenfassend ermöglicht die Methode `get_instance_features` durch die genannten Parameter das Überprüfen von Merkmalen für eine Liste von Instanzen. Die Instanzen, Merkmale und Ergebnisse können dynamisch durch den Aufruf der Methode gesteuert werden, um verschiedene Tests und Aktionen in Bezug auf die Merkmale der Entitäten durchzuführen.

Im folgenden Beispiel werden wir zu Demonstrationszwecken die Operationen `update` und `delete` für jene Entitäten unterbinden, bei denen der Status `N` ist. Dies kann realisiert werden, wie in Listing 5.15 dargestellt.

```
METHOD get_instance_features.
  SELECT *
    FROM z_i_travel
    FOR ALL ENTRIES IN @keys
    WHERE travelid = @keys-travelid
    INTO TABLE @DATA(lt_travels).

  result = VALUE #( FOR ls_travel IN lt_travels (
    travelid = ls_travel-travelid
    %features = SWITCH #( ls_travel-status
      WHEN 'N'
        THEN VALUE #(
          %delete = if_abap_behv=>fc-o-disabled
          %update = if_abap_behv=>fc-o-disabled
        )
```

```
        ELSE
          VALUE #(
            %delete = if_abap_behv=>fc-o-enabled
            %update = if_abap_behv=>fc-o-enabled
          )
      )
    ) ).
  ENDMETHOD.
```

Listing 5.15: Methode »get_instance_features«

Nun starten wir erneut die Fiori Preview und selektieren eine Instanz, die den Status `N` hat (hier TRAVEL ID *8*). Wir sehen, dass aufgrund des von uns implementierten Instance Feature sowohl auf der List Page als auch auf der Object Page die Buttons LÖSCHEN und BEARBEITEN nicht betätigt werden können (siehe Abbildung 5.25).

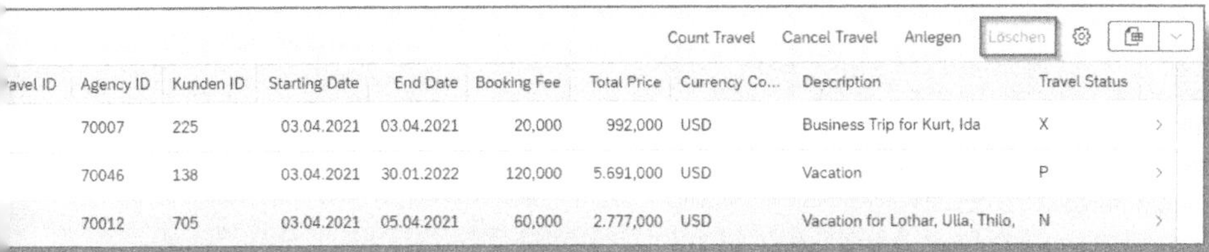

Count Travel | Cancel Travel | Anlegen | Löschen

ravel ID	Agency ID	Kunden ID	Starting Date	End Date	Booking Fee	Total Price	Currency Co...	Description	Travel Status	
	70007	225	03.04.2021	03.04.2021	20,000	992,000	USD	Business Trip for Kurt, Ida	X	>
	70046	138	03.04.2021	30.01.2022	120,000	5.691,000	USD	Vacation	P	>
	70012	705	03.04.2021	05.04.2021	60,000	2.777,000	USD	Vacation for Lothar, Ulla, Thilo,	N	>

Abbildung 5.25: Feature Control – UI

Um es zusammenzufassen: Feature Control ermöglicht im RAP-Framework die dynamische Steuerung der Anzeige und Verfügbarkeit von Datenfeldern, Operationen, Functions und Actions, basierend auf dem Zustand einer Business-Objekt-Instanz. Diese Steuerung kann sowohl statisch als auch dynamisch erfolgen. Im instanzbasierten Kontext ermöglicht Dynamic Feature Control eine individuelle, laufzeitgesteuerte Anpassung von Zugriffsbeschränkungen und Anzeigeeigenschaften. Die entwickelte Beispielmethode `get_instance_features` illustriert die Umsetzung eines dynamischen Features, in dem die Operation nur dann aktiviert wird, wenn bestimmte Bedingungen erfüllt sind. Diese flexible Feature Control trägt dazu bei, die Benutzererfahrung in SAP Fiori UI zu verbessern und die Anpassung an geschäftliche Anforderungen zu erleichtern.

5.7 Unmanaged Save

RAP bietet zahlreiche eingebaute Funktionalitäten, die es dem Entwickler ermöglichen, sich auf die eigentliche Geschäftslogik zu konzentrieren. Während es viele Standardfunktionalitäten automatisiert abwickelt, ermöglicht Unmanaged-Save Entwicklern, die vollständige Kontrolle über die Speicherlogik von BO zu übernehmen. Dies ist insbesondere in solchen Fällen nützlich, bei denen die standardisierte Funktionalität von RAP nicht ausreicht. Hierbei muss der Entwickler manuell alle CRUD-Operationen implementieren, was eine maßgeschneiderte Anpassung an spezifische Geschäftsanforderungen erlaubt, aber gleichzeitig auch eine größere Verantwortung und Komplexität mit sich bringt.

5.7.1 Theoretische Grundlagen

Wir haben im RAP insgesamt drei verschiedene Save-Szenarien für die Speicherung von BO, und zwar:

1. *Managed Save* (Standard): Im Standardmodus erfolgt die Speicherung gemäß den Regeln der Managed Runtime. Alle geänderten Instanzen der BO-Entität werden in der als persistent festgelegten Tabelle (DB_TABLE) in der Datenbank abgelegt. Das RAP-Framework kümmert sich um den gesamten Speichervorgang, einschließlich der Ausführung von Determinations, Validations und Actions, die für die spezifische Entität definiert wurden.

2. *Managed Save* in Verbindung mit *Additional Save:* Hier erfolgt im Prinzip ein Managed Save, Entwickler können aber benutzerdefinierte Logiken vor oder nach der Standardspeicherung einfügen. Beispielsweise können nach dem Speichern eines Datensatzes zusätzliche Aktionen erforderlich sein: Es ließen sich etwa, nachdem ein Mitarbeiterdatensatz gespeichert wurde, über eine benutzerdefinierte Logik zusätzliche Informationen sichern oder ein Onboarding-Workflow für einen neuen Mitarbeiter initiieren.

3. *Unmanaged Save:* In diesem Fall übernimmt der Entwickler eine umfassendere Kontrolle über den Speichervorgang. Dieser Modus

ist besonders nützlich in Szenarien, in denen spezielle Anforderungen vorliegen. Dies beinhaltet die Freiheit, eine eigene Logik für die Verarbeitung der Daten zu implementieren, die über einfache Operationen hinausgeht. Beispielsweise könnte ein komplexer Geschäftsprozess eine Reihe von Berechnungen erfordern, bevor Daten persistiert werden. Der Entwickler kann auch entscheiden, Daten unter bestimmten Bedingungen oder basierend auf spezifischen Geschäftslogiken zu speichern.

Im Folgenden werden wir unseren Fokus auf Unmanaged Save richten und nicht im Einzelnen auf das Additional-Save-Szenario eingehen.

Für jede Entität des BO oder auch für das gesamte BO lässt sich in der Behavior Definition festlegen, ob der vollständige Speichervorgang von der Managed Runtime oder stattdessen von einem Unmanaged-Save-Prozedere durchgeführt werden soll.

Unmanaged Save kann relevant sein, wenn wir die Interaktionsphase für unsere Anwendung implementieren müssen. Es könnte beispielweise sein, dass bereits optimierter Programmcode vorhanden ist. In diesem Fall werden die Funktionen für den persistenten Speicher von Geschäftsdatenänderungen aufgerufen, um die Datenänderungen der relevanten BO-Entität zu speichern. Dabei wird die Managed Runtime übersteuert, und der Entwickler übernimmt selbst die Verantwortung für den Speichervorgang.

5.7.2 Definition und Implementierung

Nun kommen wir zur praktischen Definition und Implementierung des Unmanaged Save im RESTful ABAP.

! Persistent Table ist im Unmanaged-Save-Szenario nicht zulässig

Durch das Hinzufügen von Unmanaged save wird die automatische Speicherung ausgeschaltet, und der Framework-Code, der normalerweise das Speichern in der persistenten Tabelle behandelt, wird nicht mehr automatisch ausgeführt. Daher müssen wir die zuvor hinzugefügte Zeile `persistent table /DMO/TRAVEL` (siehe Abschnitt 3.2.2) auskommentieren oder entfernen, da die automatische Speicherung deaktiviert ist und wir nun unsere eigene Logik für das Speichern implementieren müssen. Dies gibt uns die Freiheit, die Persistenzlogik nach unseren spezifischen Anforderungen zu gestalten und individuelle Speichervorgänge für jede Entität zu implementieren.

`Unmanaged save` ist Teil der Behavior Definition. Das Statement kann auf zweierlei Arten erfolgen:

1. **Rumpf der Behavior Definition:** Im Rumpf der Behavior Definition kann der Zusatz `with unmanaged save` hinzugefügt werden. Dann gilt dieses Statement für **alle** Entitäten. Deshalb wird diese Variante auch als *kompakte Notation* bezeichnet. Die Definition der Verhaltensimplementierung kann ebenfalls kompakt im Rumpf definiert werden (siehe Abbildung 5.26). Bitte beachten Sie den obigen Hinweis bezüglich des `persistent table`.

```
managed with unmanaged save implementation in class zcl_i_travel unique;
```

Abbildung 5.26: Unmanaged Save – Rumpf

2. **Entitätsbasiert:** Eine Behavior Definition kann mehrere Entitäten beinhalten. `Unmanaged save` kann dann lediglich für einzelne Entitäten aktiviert werden. Hierfür wird es in der `define-behavior`-Klausel der zu aktivierenden Entität hinzugefügt (siehe Abbildung 5.27). Bitte beachten Sie auch an dieser Stelle den obigen Hinweis zum `persistent table`.

```
define behavior for Z_I_TRAVEL //alias <alias_name>
//persistent table /DMO/TRAVEL
lock master
authorization master ( instance )
late numbering
with unmanaged save
{
```

Abbildung 5.27: Unmanaged Save – entitätsbasiert

In unserem Beispiel wenden wir Variante 2 (entitätsbasiert) an und erweitern die Behavior-Klausel der Entität »Z_I_TRAVEL« um die Unmanaged-Save-Funktionalität. Dazu fügen wir die Anweisung `with unmanaged save` hinzu und entfernen die Anweisung `persistent table /DMO/TRAVEL`.

Das führt zu einer Inkonsistenz bzw. zu einem Fehler in der Behavior-Implementation-Klasse:

se kann während der BDEF-Implementierungsprüfung nicht analysiert werden. Es sind Inkonsistenzen oder Fehler vorhanden: Die BEHAVIOR-Methode "SAVE_MODIFIED" muss redefiniert werden.

Dies lässt sich darauf zurückführen, dass die Methode `save_modified` bereits standardmäßig in die Superklasse implementiert ist. Die Aktivierung von Unmanaged Save hat zur Folge, dass Managed Save deaktiviert wird. Das erfordert logischerweise eine Redefinition der `managed-save`-Methode. Zu diesem Zweck erweitern wir unsere Behavior-Implementation-Klasse um die Methodendefinition und -implementierung (siehe Abbildung 5.28).

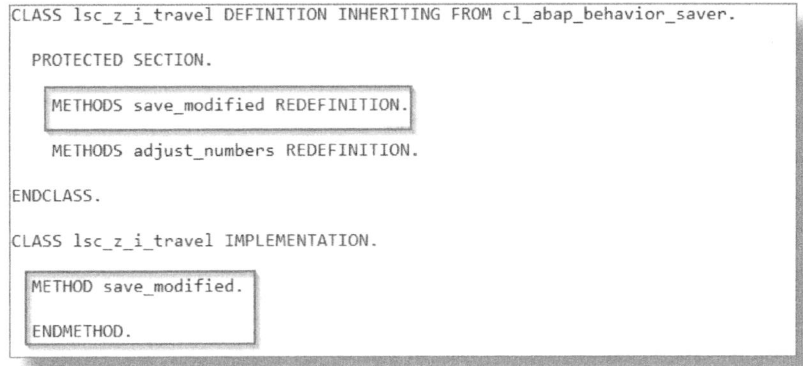

```
CLASS lsc_z_i_travel DEFINITION INHERITING FROM cl_abap_behavior_saver.

  PROTECTED SECTION.

    METHODS save_modified REDEFINITION.

    METHODS adjust_numbers REDEFINITION.

ENDCLASS.

CLASS lsc_z_i_travel IMPLEMENTATION.

 METHOD save_modified.

 ENDMETHOD.
```

Abbildung 5.28: Methode »save_modified« – Redefinition

Die Methode `save_modified` ist nun die Schlüsselkomponente der `unmanaged-save`-Funktionalität, die bei jedem Aufruf der Standard-CUD(CREATE, UPDATE, DELETE)-Operation aufgerufen wird.

Bevor wir die Methode implementieren, werden wir ihre Parameter detaillierter betrachten (siehe Abbildung 5.29).

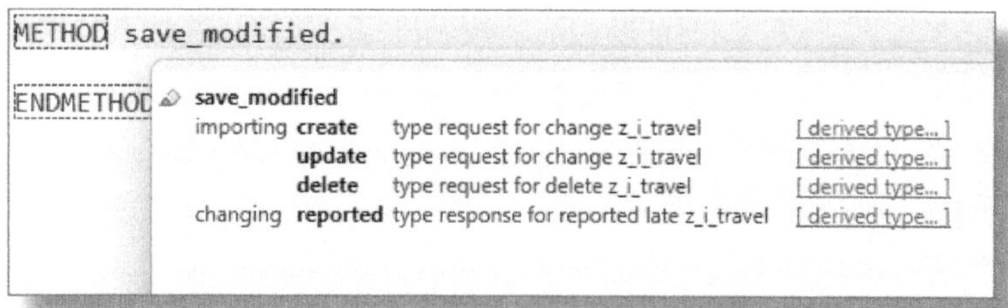

Abbildung 5.29: Methode »save_modified« – Parameter

Wir sehen, dass je Standardoperation ein Importparameter (`create`, `update`, `delete`) zur Verfügung steht. Beim Datentyp der Importparameter handelt es sich um ein `type request for change/delete`. Dabei ist es eine flache Struktur, die jene Entitäten, die als `unmanaged save` gekennzeichnet wurden, als Attribut in der Struktur beinhaltet, d. h., die Operation kann mit Importparameter und Entitätsname (wie z. B. `create-z_i_travel`) auf die jeweilige Entität zugreifen.

Das Attribut in der Struktur ist wiederum ein `type standard table` der Entität inklusive der `%control`-Struktur (siehe Abbildung 5.30).

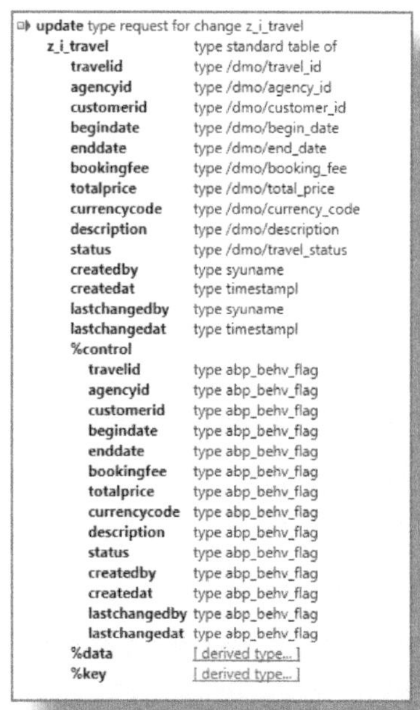

Abbildung 5.30: RAP-Datentyp – »type request«

Im Folgenden widmen wir uns der Implementierung der Methode save_modified (siehe Listing 5.16).

```
  METHOD save_modified.
    IF create IS NOT INITIAL. "Create verarbeiten
      MODIFY /dmo/travel FROM TABLE @( CORRESPONDING #(
create-z_i_travel MAPPING FROM ENTITY ) ).

    ELSEIF update IS NOT INITIAL. "Update verarbeiten
      TYPES tt_loc_rap_type LIKE update-z_i_travel.

      "Lokale Entität per EML lesen
      READ ENTITIES OF z_i_travel IN LOCAL MODE
        ENTITY z_i_travel
        ALL FIELDS WITH CORRESPONDING #( update-z_i_travel )
        RESULT DATA(lt_travel_result)
        REPORTED DATA(lt_travel_reported)
        FAILED DATA(lt_travel_failed).

      IF lt_travel_failed IS INITIAL.
        DATA(lt_local_travels) = CORRESPONDING tt_loc_rap_
type( lt_travel_result ).
        "Update der lokalen mapped Entität
        MODIFY /dmo/travel FROM TABLE @( CORRESPONDING #(
lt_local_travels MAPPING FROM ENTITY ) ).
      ENDIF.

    ELSEIF delete IS NOT INITIAL. "Delete verarbeiten
      DATA lr_travels_delete TYPE RANGE OF /dmo/travel-
travel_id.
      lr_travels_delete = VALUE #( FOR ls_travel_delete IN
delete-z_i_travel
         ( sign = 'I' option = 'EQ' low = ls_travel_delete-
travelid )
        ).
      DELETE FROM /dmo/travel WHERE travel_id IN @lr_travels_
delete.
    ENDIF.

  ENDMETHOD.
```

Listing 5.16: Methode »save_modified«

Erklären wir die Methode nun Schritt für Schritt:

1. Die Methode enthält **bedingte Verzweigungen**, um die verschiedenen CUD-Operationen zu identifizieren, die während der aktuellen Transaktion durchgeführt wurden: CREATE, UPDATE, oder DELETE.

2. **CREATE-Verarbeitung:**

   ▶ Wenn die Importvariable `create` Werte enthält, wird der Zweig für die Verarbeitung von `create` ausgeführt.

   ▶ Es wird die Anweisung `MODIFY` verwendet, um Datensätze in der Tabelle `/dmo/travel` zu erstellen. Dabei erfolgt ein `CORRESPONDING` mit `MAPPING FROM ENTITY`.

3. **UPDATE-Verarbeitung:**

   ▶ Wenn die Importvariable `update` Werte beinhaltet, wird der Zweig für die Verarbeitung von `update` ausgeführt.

   ▶ Zuerst wird versucht, die lokalen Daten der Entität `z_i_travel` per Entity Manipulation Language (EML) zu lesen und das `RESULT` des EML-Aufrufs in `lt_travel_result` zu speichern. Gleichzeitig werden `FAILED` und `REPORTED` des EML-Aufrufs in den entsprechenden Strukturen festgehalten. Da der Aufruf innerhalb des eigenen BO erfolgt, deaktivieren wir die Berechtigungsprüfung mit der Anweisung IN LOCAL MODE. Sollte der Aufruf dagegen z. B. von einem ABAP-Programm ausgehen, dürften wir die Anweisung IN LOCAL MODE nicht benutzen – das würde zum Programmabbruch führen.

   ▶ Wenn das Lesen erfolgreich war, d. h. keine Fehler aufgetreten sind, werden die Daten in `lt_local_travels` kopiert.

   ▶ Anschließend erfolgt ein `MODIFY` für die Entität `/dmo/travel`, basierend auf den lokal gelesenen Daten.

4. **DELETE-Verarbeitung:**

   ▶ Wenn die Importvariable `delete` Werte enthält, wird der Zweig für die Verarbeitung von `delete` ausgeführt.

   ▶ Es wird eine `RANGE OF`-Variable `lr_travels_delete` erstellt, um die zu löschenden Reise-IDs zu definieren.

- Anschließend werden diejenigen Datensätze in der Tabelle `/dmo/travel` gelöscht, deren Travel-IDs in der definierten Range liegen.

Zusammenfassend eröffnet die Integration des Unmanaged-Save-Szenarios im RAP den Entwicklern die Möglichkeit, die Persistenzlogik nach ihren individuellen Anforderungen zu gestalten. Dieser gesteigerte Freiheitsgrad geht jedoch mit einem höheren Entwicklungsaufwand einher.

5.8 Draft-Konzept

Das Draft-Konzept (Entwurf-Konzept) ist eine innovative Funktion im RAP, die insbesondere in Szenarien mit komplexen Transaktionen und langen Bearbeitungszeiten von hoher Relevanz ist. Sie bietet die Möglichkeit, Änderungen an Entitäten so lange in einem temporären, nicht persistenten Zustand zu halten, bis sie final bestätigt und gespeichert werden. Die Funktion ist entscheidend für die Erstellung benutzerfreundlicher und robuster Anwendungen, insbesondere in Szenarien, in denen die Dateneingabe über einen längeren Zeitraum erfolgt oder in denen mehrere Benutzer gleichzeitig an denselben Daten arbeiten.

In diesem Abschnitt werden wir das Draft-Konzept im Detail untersuchen, seine Funktionsweise und die zugrunde liegende Logik erörtern und aufzeigen, wie es in RAP-Anwendungen implementiert wird. Wir beginnen mit einer theoretischen Einführung, die das Konzept und seine Bedeutung im Kontext des RAP-Frameworks erklärt. Daraufhin werden wir uns mit den technischen Aspekten befassen und diskutieren, wie Drafts in ABAP-Umgebungen gestaltet und verwaltet werden. Besonderes Augenmerk legen wir dabei auf die Herausforderungen und Best Practices bei der Implementierung des Konzepts. Durch praktische Beispiele und detaillierte Erläuterungen werden wir die vielfältigen Möglichkeiten aufzeigen, die es Entwicklern bietet, um komplexe Datenbearbeitungsprozesse in ABAP-Anwendungen effektiv zu gestalten.

5.8.1 Theoretische Grundlagen

Das Draft-Konzept im RAP repräsentiert eine zentrale Innovation in der Entwicklung moderner Unternehmensanwendungen, speziell im Hinblick auf die Verwaltung von Transaktionsdaten. Es zielt darauf ab, die Komplexität der Datenverarbeitung zu reduzieren und die Benutzererfahrung zu verbessern, indem es einen flexiblen und robusten Ansatz für die Handhabung von Geschäftsdaten in einem unvollständigen oder vorläufigen Zustand bietet.

Abbildung 5.31 visualisiert das Zusammenspiel zwischen Draft-Konzept und aktiven Instanzen im Rahmen des Draft-Konzepts im RAP. Im Mittelpunkt dieses Konzepts steht die DRAFT-INSTANZ, eine vorläufige Version eines Datensatzes, in der Benutzer ihre Änderungen vornehmen. Sie repräsentiert einen Arbeitsentwurf, der in der DRAFT-TABELLE gespeichert wird. Diese Trennung sorgt dafür, dass die Arbeit an Daten keine unmittelbaren Auswirkungen auf die laufenden Geschäftsprozesse hat.

Nachdem ein Benutzer die Bearbeitung abgeschlossen hat, wird die DRAFT-INSTANZ in eine AKTIVE INSTANZ überführt. Diese Instanz stellt den verbindlichen Zustand der Daten dar, der in der AKTIVEN TABELLE festgehalten wird. In dieser finalen Tabelle sind die Daten für den regulären Geschäftsbetrieb und für weitere Transaktionen verfügbar.

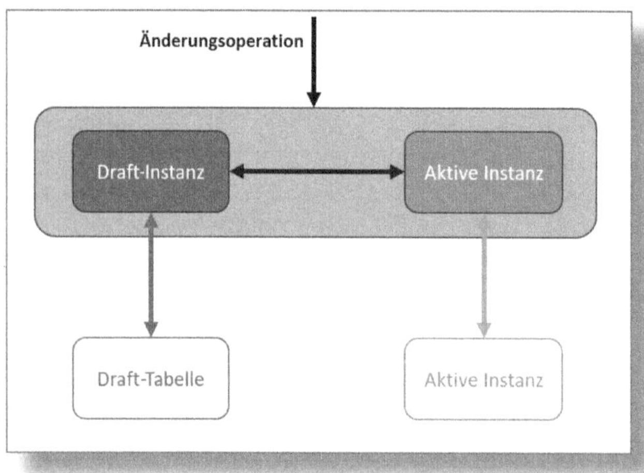

Abbildung 5.31: Draft-Konzept

Die nachfolgend aufgeführten Punkte skizzieren die Hauptmerkmale und Vorteile des Drafting:

- **Trennung von Draft- und aktiven Daten:** Eine Schlüsselkomponente des Konzepts ist die separate Speicherung von Draft-Daten in Schattentabellen (sog. Draft-Tabellen). Diese Trennung bewahrt die Integrität der aktiven Daten und stellt sicher, dass die Draft-Daten den regulären Betrieb und die Datenqualität nicht beeinträchtigen.
- **Verbesserte Benutzererfahrung:** Das Konzept trägt wesentlich zur Benutzerfreundlichkeit bei. Anwender können Arbeitsschritte beginnen, unterbrechen und zu einem späteren Zeitpunkt nahtlos fortsetzen. Dies ist besonders in komplexen Geschäftsanwendungen vorteilhaft, in denen die Bearbeitung möglicherweise viel Zeit in Anspruch nimmt.
- **Integration in das RAP-Framework:** Das Draft-Konzept ist tief in das RAP-Framework integriert. Das ermöglicht eine automatisierte Verwaltung von Draft-Daten, wodurch der Entwicklungsprozess erheblich vereinfacht wird.
- **Verbesserte Fehlerbehandlung und Datenvalidierung:** Vor dem Überführen der Daten in den aktiven Zustand ermöglicht das Draft-Konzept eine gründliche Fehlerbehandlung und Datenvalidierung. Dies trägt zu einer erhöhten Datenqualität und -sicherheit bei.

Die obigen Ausführungen geben einen umfassenden Überblick über das theoretische Fundament des Draft-Konzepts, das die Effizienz, Integrität und Benutzerfreundlichkeit im RAP maßgeblich verbessert. Auf Basis des Verständnisses der zugrunde liegenden Prinzipien und Strukturen richtet sich der Blick im nachfolgenden Abschnitt auf die praktische Umsetzung.

5.8.2 Implementierung

Erweiterung der Applikation um das Draft-Konzept

In unserem Beispiel werden wir die bestehende Applikation um das Draft-Konzept erweitern. Dadurch werden während des Bearbeitens alle Änderungen automatisch zwischengespeichert, bis diese endgültig in der Datenbank persistiert werden. Im Abschnitt 5.7 haben wir das Unmanaged save implementiert. Für den weiteren Verlauf dieses Buches werden wir die Unmanaged-Save-Funktionalität deaktivieren, da die Draft-Funktionalität zwingend ein `persistent table` benötigt.

Um das Draft-Konzept zu implementieren, ist es notwendig, Anpassungen in der Behavior Definition `Z_I_TRAVEL` vorzunehmen (siehe Listing 5.17). Hierfür öffnen wir die Behavior Definition. Wie Sie im Listing sehen werden, wurde der zuvor erwähnte Rückbau der Unmanaged-Save-Funktionalität durchgeführt.

```
managed implementation in class zcl_i_travel unique;
strict;
with draft;

define behavior for Z_I_TRAVEL //alias <alias_name>
persistent table /DMO/TRAVEL
draft table zdmo_travel_d
lock master
total etag Lastchangedat
authorization master ( instance )
late numbering
//with unmanaged save
{
  create;
  update (features : instance);
  delete (features : instance);
```

```
  field (readonly) TravelId;

  determination setDefaultBeginDate on modify { create; }
  validation checkCurrency on save { field CurrencyCode; }
  static action cancelTravel parameter Z_A_CANCEL_TRAVEL;
  function countTravel result [1..*] $self;

  draft action Resume ;
  draft action Activate ;
  draft action Edit ;
  draft action Discard ;
  draft determine action Prepare  {
    validation checkCurrency;
  }


  mapping for /dmo/travel
  {
    TravelId = travel_id;
    AgencyId = agency_id;
    BeginDate = begin_date;
    BookingFee = booking_fee;
    Createdat = createdat;
    Createdby = createdby;
    CurrencyCode = currency_code;
    CustomerId = customer_id;
    Description = description;
    EndDate = end_date;
    Lastchangedat = lastchangedat;
    Lastchangedby = lastchangedby;
    Status = status;
    TotalPrice = total_price;
  }
}
```

Listing 5.17: Draft-Konzept implementieren – Behavior Definition »Z_I_TRAVEL«

Im Zuge der Änderung der Behavior Definition haben wir das Drafting-Feature durch die Anweisung `with draft;` aktiviert. Zudem haben wir den Namen der Draft-Tabelle (`draft table zdmo_travel_d`) und das ETAG-Attribut (`total etag Lastchangedat`) angegeben. Zuletzt haben wir noch die Draft Actions in die Liste der Operationen aufgenommen.

Nach dem Aktualisieren des Codes in der Behavior Definition werden uns einige Fehler angezeigt. Das liegt daran, dass noch keine Draft-Tabelle vorhanden ist. Um diese anzulegen, können wir wie gewohnt den Quick Fix nutzen. Er dient der automatischen Generierung der Tabelle `zdmo_travel_d`. Sollte kein Quick Fix angeboten werden, klickt man auf den Tabellennamen und betätigt die Tastenkombination [Strg] + [1]. Anschließend lässt sich die Funktion ENTWURFSTABELLE ZDMO_TRAVEL_D FÜR ENTITÄT Z_I_TRAVEL ANLEGEN durch einen Doppelklick ausführen (siehe Abbildung 5.32).

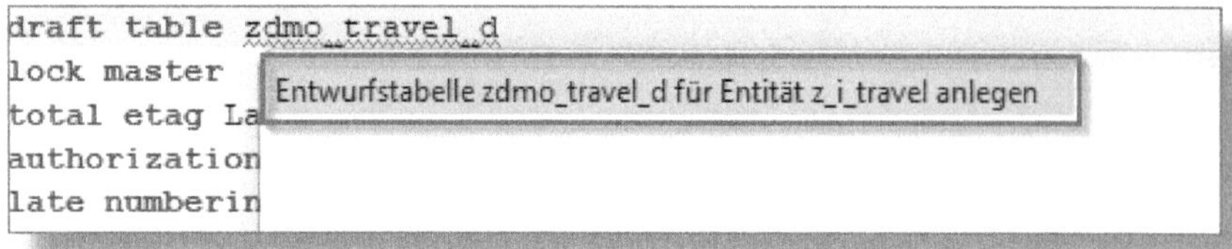

Abbildung 5.32: Draft-Tabelle anlegen – Einstieg

Im nächsten Schritt öffnet sich das Fenster NEW DRAFT TABLE, das zum Erstellen der neuen Schattentabelle dient (siehe Abbildung 5.33). Da der NAME und die Beschreibung (DESCRIPTION) des neuen Objekts automatisch voreingestellt sind, klicken wir den Button NEXT ❶, um mit der Anlage fortzufahren.

Nun befinden wir uns auf dem Folgescreen und müssen einen Transport angeben. Wir beenden die Anlage mit FINISH.

Es öffnet sich die neu angelegte Draft-Tabelle (siehe Listing 5.18).

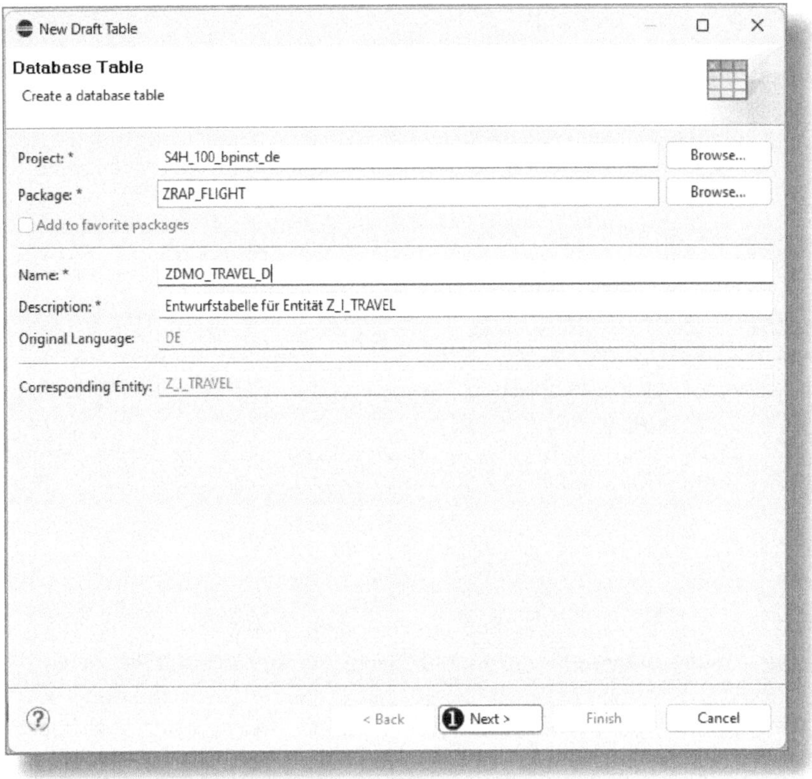

Abbildung 5.33: Draft-Tabelle anlegen – Dialog

```
@EndUserText.label : 'Entwurfstabelle für Entität Z_I_TRAVEL'
@AbapCatalog.enhancement.category : #EXTENSIBLE_ANY
@AbapCatalog.tableCategory : #TRANSPARENT
@AbapCatalog.deliveryClass : #A
@AbapCatalog.dataMaintenance : #RESTRICTED
define table zdmo_travel_d {

  key mandt     : mandt not null;
  key travelid  : /dmo/travel_id not null;
  key draftuuid : sdraft_uuid not null;
  agencyid      : /dmo/agency_id;
  customerid    : /dmo/customer_id;
```

```
  begindate      : /dmo/begin_date;
  enddate        : /dmo/end_date;
  @Semantics.amount.currencyCode : 'zdmo_travel_d.currencycode'
  bookingfee     : /dmo/booking_fee;
  @Semantics.amount.currencyCode : 'zdmo_travel_d.currencycode'
  totalprice     : /dmo/total_price;
  currencycode   : /dmo/currency_code;
  description    : /dmo/description;
  status         : /dmo/travel_status;
  createdby      : syuname;
  createdat      : timestampl;
  lastchangedby  : syuname;
  lastchangedat  : timestampl;
  "%admin"       : include sych_bdl_draft_admin_inc;
}
```

Listing 5.18: Draft-Tabelle »ZDMO_TRAVEL_D«

Die Tabelle aktivieren wir anschließend durch die Schaltfläche ( ). Sobald die Tabelle aktiviert ist, wechseln wir zurück zu unserer Behavior Definition `Z_I_TRAVEL`, welche wir ebenfalls mit der Schaltfläche ( ) aktivieren.

Im letzten Schritt müssen wir noch die Methode `SAVE_MODIFIED` in unserer Behavior Implementierungsklasse `ZCL_I_TRAVEL` zurückbauen. Dazu löschen wir die Methodendefinition sowie deren Implementierung (siehe Abbildung 5.34).

Durch die anschließende Aktivierung ( ) werden die Änderungen an der Klasse gespeichert und aktiv geschaltet.

Die Inkludierung des Drafting auf der Interface-Ebene ist hiermit abgeschlossen. Nun widmen wir uns der Erweiterung der Consumption-Ebene. Hierfür öffnen wir die Consumption Behavior Definition `Z_C_TRAVEL` und ergänzen die in Listing 5.19 hervorgehobenen Zeilen.

ZCL_I_TRAVEL ▸ LSC_Z_I_TRAVEL ▸

```
CLASS lsc_z_i_travel DEFINITION INHERITING FROM cl_abap_behavior_saver.

  PROTECTED SECTION.

    METHODS adjust_numbers REDEFINITION.

    METHODS save_modified REDEFINITION.

ENDCLASS.

CLASS lsc_z_i_travel IMPLEMENTATION.

  METHOD adjust_numbers.
    SELECT MAX( travel_id ) FROM /dmo/travel INTO @DATA(lv_max).
    LOOP AT mapped-z_i_travel ASSIGNING
    FIELD-SYMBOL(<ls_travel>).
      lv_max = lv_max + 1.
      <ls_travel>-travelid = lv_max.
    ENDLOOP.

  ENDMETHOD.

  METHOD save_modified.

ENDCLASS.
```

Abbildung 5.34: Löschen der SAVE_MODIFIED-Methode

```
projection;
strict;
use draft;

define behavior for Z_C_TRAVEL //alias <alias_name>
{
  use create;
  use update;
  use delete;

  use action cancelTravel;
  use function countTravel;
```

```
    use action Edit;
    use action Activate;
    use action Discard;
    use action Prepare;
    use action Resume;

}
```

Listing 5.19: Draft Behavior Definition »Z_C_TRAVEL«

Im Zuge der Änderung der Projection Behavior Definition haben wir das Drafting-Feature (`use draft;`) aktiviert und die Draft Actions aufgenommen.

Im folgenden Schritt werden wir die Neuentwicklung in der Preview testen. Hierfür navigieren wir in unser zuvor angelegtes Service Binding Z_TRAVEL_SB_V2 und drücken den Button PREVIEW... (siehe Abbildung 5.35).

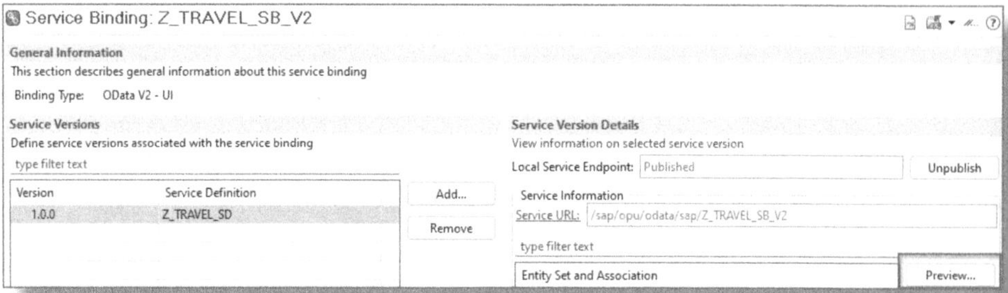

Abbildung 5.35: Fiori Preview

Nun öffnet sich die Preview der Fiori-Applikation (siehe Abbildung 5.36).

Beim ersten Betrachten sind visuell keine Veränderungen erkennbar.

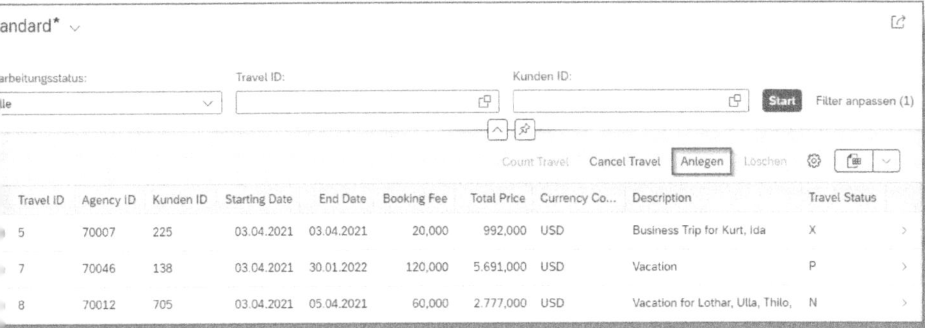

Abbildung 5.36: Fiori-Applikation

Um die Drafting-Funktion zu demonstrieren, erstellen wir eine neue Reise. Dazu klicken wir oben auf den Button ANLEGEN. Anschließend gelangen wir auf die Object Page, wo wir eine neue Reise anlegen können. Hier geben wir zufällige Werte für die verschiedenen Attribute der Reise ein (siehe Abbildung 5.37). Während der Eingabe oder beim Verlassen der Eingabefelder beobachten wir, dass unten links neben dem ANLEGEN-Button die Speicherung des Draft-Objekts angezeigt wird (ENTWURF WURDE GESICHERT). Dies bedeutet, dass das temporäre Objekt in der Draft-Tabelle gespeichert wird.

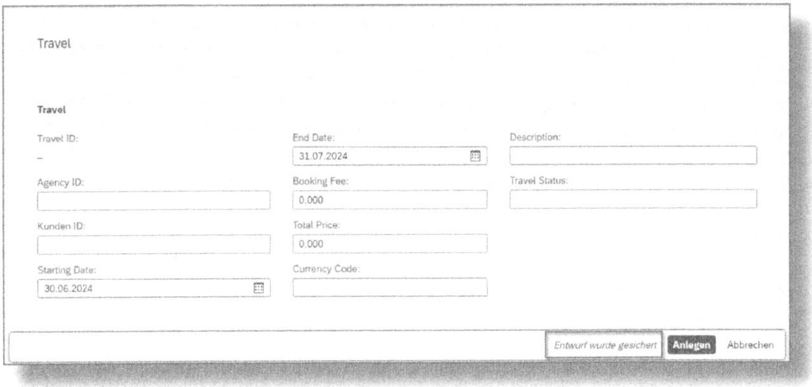

Abbildung 5.37: Travel-Draft anlegen

Ein Blick in den Inhalt der Draft-Tabelle ZDMO_TRAVEL_D – sei es durch die Transaktion *SE16(N)* oder mittels der Data Preview in Eclipse – zeigt, dass für die neu angelegte Reise ein frischer Eintrag erstellt wurde (siehe Abbildung 5.38).

Feldname	Wert
Mandant	100
Travel Number	00000000
Entwurfsdokument (technische ID)	A5D3BAFCB6861EDF8DDBE87AA37545C4
Agency Number	000000
Kunden ID	000000
Starting Date	30.06.2024
End Date	31.07.2024
Booking Fee	0,00
Total Price	0,00
Currency Code	
Description	
Travel Status	
Benutzername	
Zeitstempel	00.00.0000 00:00:00
Benutzername	
Zeitstempel	00.00.0000 00:00:00
Angelegt am	30.06.2024 12:50:01
Zuletzt geändert am	30.06.2024 12:50:10
UUID	A5D3BAFCB6861EDF8DDBE87AA37565C4
Entwurf - Befehlscode	C
HatAktiveInstanz	
Feldänderungen	000000010100000000000000000FF81CDD6...
Anzahl Einträge	0

Abbildung 5.38: Transaktion »SE16N« – Draft-Tabelle

Durch Drücken des Buttons ANLEGEN auf der Object Page wird dieser vorläufige Eintrag aus der Schattentabelle entfernt, woraufhin der Prozess der Übertragung der Daten in die Haupttabelle `/DMO/TRAVEL`, also deren Persistierung, eingeleitet wird.

Wenn wir nun versuchen, diese Object Page zu verlassen, ohne die Reise anzulegen, erscheint ein Pop-up-Fenster, das uns darauf hinweist, dass ein Draft der Reise existiert. Normalerweise verlässt man die Object Page zur Anlage über den Zurück-Button links oben (siehe Abbildung 5.39). Nachdem wir diesen angeklickt haben, wird uns eine Nachricht mit mehreren Optionen angezeigt: Wir können das Draft-Objekt behalten (ENTWURF BEHALTEN), es löschen (ENTWURF VERWERFEN) oder durch Auswahl von ABBRECHEN auf dem aktuellen Bildschirm bleiben.

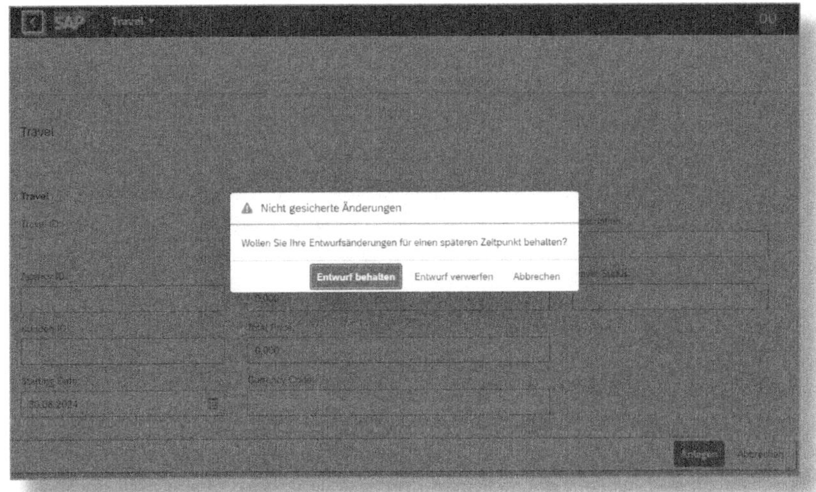

Abbildung 5.39: Object Page verlassen

Neben dem ZURÜCK-Button gibt es auch andere Wege, den Bildschirm zu verlassen, so beispielsweise über ABBRECHEN unten rechts. Auch hier werden wir gefragt, ob wir das Draft-Objekt behalten oder löschen möchten. Wenn wir allerdings den Browser-Tab schließen, erscheint kein Pop-up. Sollten wir später die Fiori-Applikation erneut öffnen, finden wir das Draft-Objekt an oberster Stelle in der Liste wieder – deutlich durch einen führenden blauen Streifen als Entwurf markiert. Das ermöglicht uns, die Bearbeitung nahtlos fortzusetzen. Diese Funktionalität wird in Abbildung 5.40 ersichtlich.

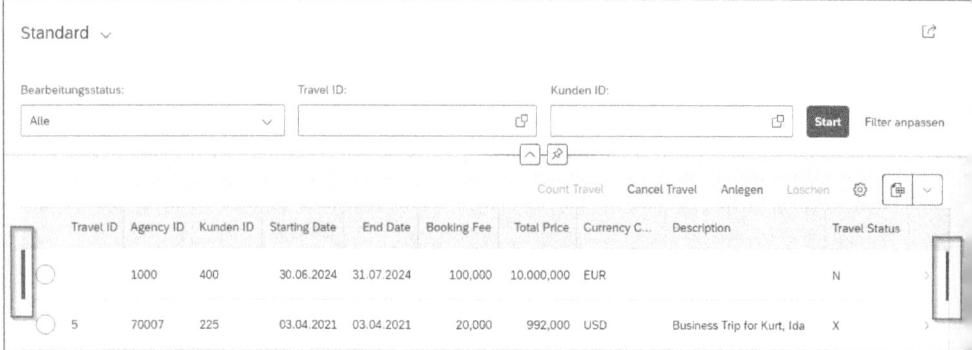

Abbildung 5.40: Liste mit Draft-Objekt

Die Implementierung des Draft-Konzepts für die Fiori-Applikation haben wir damit erfolgreich abgeschlossen. Die vorgenommenen Anpassungen in den Behavior Definitions sowohl auf Interface- als auch auf Consumption-Ebene gestatten es nun, Entwürfe effizient zu verwalten. Die neu erstellte Draft-Tabelle `ZDMO_TRAVEL_D` dient dabei als wesentliches Element für das Zwischenspeichern der Daten. Durch die Einführung dieser Funktionalität in der Fiori-Applikation erhöht sich die Benutzerfreundlichkeit signifikant, da Nutzer nun die Möglichkeit haben, ihre Eingaben als Entwürfe zu speichern und zu einem späteren Zeitpunkt fortzusetzen. Die durchgeführten Tests in der Preview-Umgebung bestätigen die korrekte Funktionsweise des Draft-Features und demonstrieren die reibungslose Integration in die bestehende Applikationsstruktur. Mit dieser Erweiterung ist unsere Fiori-Applikation nun optimal aufgestellt, um den Anwendern eine flexible und effiziente Arbeitsweise zu ermöglichen.

5.9 RAP-Hierarchie

5.9.1 Theoretische Grundlagen

Die hierarchische Strukturierung ist ein Schlüsselelement im RAP-Kontext, das Entwicklern die Erweiterung der Funktionen bestehender BO durch Hinzufügen neuer Entitäten, sogenannter Nodes, ermöglicht.

Jeder neue Node verfügt über ein eigenes Datenmodell, das als Verknüpfungsentität in das bestehende Datenmodell eingegliedert wird. Hierbei wird besonderer Wert auf die Schaffung einer hierarchischen Ordnung gelegt, wobei die *Parent-Child-Beziehungen*, also die Eltern-Kind-Beziehungen, im Zentrum stehen. Die Parent-Entität, die als *Root View Entity* definiert wird, bildet die Basis der Hierarchie, während die Child-Entitäten (*View Entities*) die erweiterten Knotenpunkte darstellen. Das Behavior für eine Child-Entität wird in der Parent Behavior Definition festgelegt, gefolgt von einer Erweiterung der Service Definition, um den neuen Node sichtbar zu machen.

Die folgende Übersicht beleuchtet die grundlegenden Aspekte der hierarchischen Komponente, deren architektonische Prinzipien und die zugrunde liegende Philosophie:

- **Definition des neuen Child Node:** Die Erweiterung eines RAP-BO durch die Einführung eines neuen Node bereichert das bestehende Datenmodell um zusätzliche Knotenpunkte. Diese Knoten erhöhen die Flexibilität und Anpassungsfähigkeit des BO signifikant. Der neue Node stellt eine Child-Entität dar, die direkt unter der Parent-Entität angesiedelt ist.
- **Architektur des neuen Child Node:** Die Architektur des neuen Node basiert auf der klaren Definition der Beziehungen zwischen den Nodes und dem bestehenden Datenmodell des BO. Ein entscheidender Aspekt ist die Etablierung einer *To-Parent-Beziehung*, die die Hierarchie zwischen den neuen Child Nodes und der Parent-Entität des Datenmodells festlegt.
- **Datenmodell des Child Node:** Für die Node-Verknüpfung ist ein eigenständiges Datenmodell des Child Node erforderlich. Dieses wird als Child-Entität in das bestehende Datenmodell integriert, es enthält die notwendigen Informationen und Attribute. Um eine nahtlose Integration zu gewährleisten, werden Hierarchie und Beziehungen dabei sorgfältig modelliert.
- **Behavior für den neuen Node:** Die Behavior Definition und Implementierung des Child Node wird im Behavior der Parent-Entität definiert und inkludiert. Diese legt fest, wie der neue Node mit anderen Teilen des BO interagiert, welche Operationen er

unterstützt und welche Autorisierungen und Sperren gelten. Die klare Definition von UPDATE-, DELETE- und CREATE-Operationen spielt eine zentrale Rolle, um die Integrität des BO zu sichern.

- **Integration in den Service:** Neben der Integration im Datenmodell und im Behavior wird der Node auch in den OData-Service eingebunden. Durch die Erweiterung der Service Definition wird der neue Node im Service exponiert, sodass externe Anwendungen auf die erweiterten Funktionen zugreifen können.

Insgesamt ermöglicht die hierarchische Komponente eine flexible Anpassung und Optimierung bestehender RAP-BO, was die Agilität in der Anwendungsentwicklung maßgeblich fördert.

5.9.2 Implementierung

Verknüpfung zwischen Reisen und Buchungen

In unserem Beispiel werden wir die bidirektionale hierarchische Verknüpfung zwischen den Reisen und den Buchungen erstellen (siehe Abbildung 5.41). Vereinfacht ausgedrückt, kann keine Buchung ohne eine bestehende Reise erstellt werden. Eine solche Architektur garantiert, dass jede Booking-Instanz untrennbar mit einer spezifischen Travel-Instanz verbunden ist.

Dabei sind die Komponenten `Z_I_BOOKING` (Interface) und `Z_C_BOOKING` (Consumption) neue Objekte, die es im Laufe dieses Abschnitts zu erstellen gilt. Es handelt sich um normale CDS View Entities, nicht um Root View Entities.

View Entity

Im RAP ist eine Root View Entity der zentrale Einstiegspunkt eines BO, der für die Hauptdatenstruktur und die Durchführung von CRUD-Operationen verantwortlich ist. Im Gegensatz dazu ergänzen normale oder Non-Root View Entities das BO mit detaillierten oder spezifischen Datenstrukturen, führen jedoch keine eigenständigen CRUD-Operationen durch. Während die Root View Entity die Kernfunktionalitäten und Schlüsselattribute des BO steuert, dienen die normalen View Entities der Strukturierung und Erweiterung des Gesamtmodells.

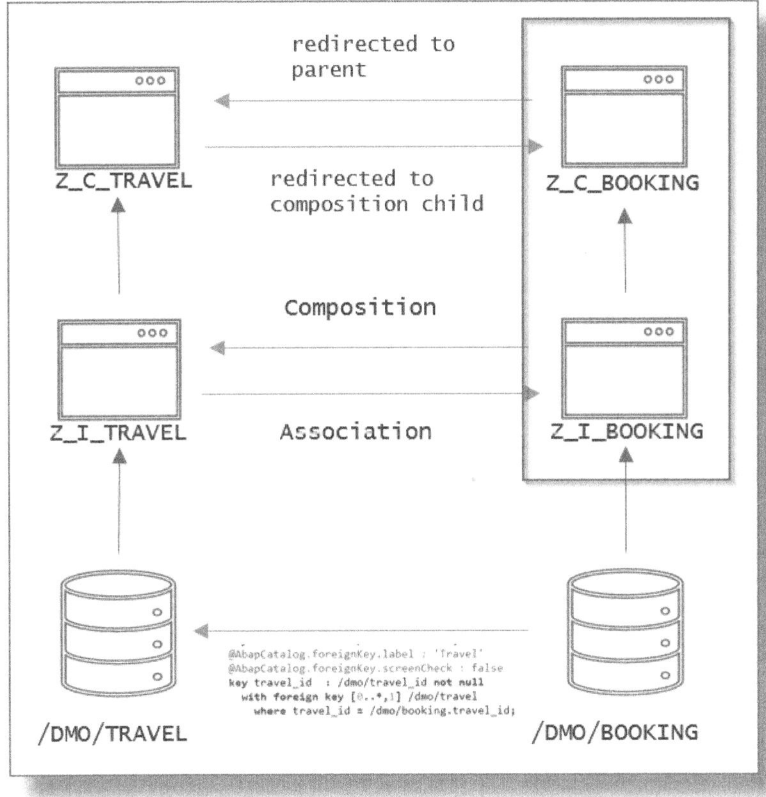

Abbildung 5.41: Architektur – Hierarchie

Für die Buchungen gibt es die Datenbanktabelle /DMO/BOOKING, die im Standardpaket des Flight-Reference-Modells ausgeliefert wird. Diese Tabelle steht in einer 1:n-Beziehung zur Tabelle /DMO/TRAVEL, d. h., eine

Reise (TRAVEL) kann n Buchungen beinhalten. Aufbauend auf diesem relationalen Datenmodell möchten wir das komplementäre Modell im RAP kreieren und visuell in einer Fiori-Applikation darstellen.

Zunächst werden wir die Interface View `Z_I_BOOKING` anlegen und eine Composition-Beziehung zur Root View `Z_I_TRAVEL` erstellen. Ebenfalls sollte die Association-Beziehung von `Z_I_BOOKING` zu `Z_I_TRAVEL` erzeugt werden. In unserem Paket `ZRAP_FLIGHT` führen wir einen Rechtsklick auf DATA DEFINITIONS ❶ aus und wählen den Menüpunkt NEW DATA DEFINITION ❷ (siehe Abbildung 5.42).

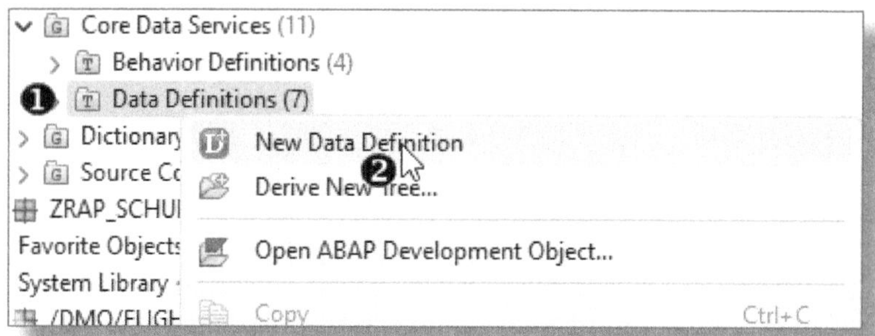

Abbildung 5.42: Anlage »Z_I_BOOKING« – Einstieg

Es erscheint das Anlegefenster NEW DATA DEFINITION. Hier geben wir den NAMEN *Z_I_BOOKING* ❶ und die DESCRIPTION *Interface View Booking* ❷ ein (siehe Abbildung 5.43). Wir fahren fort, indem wir den Button NEXT ❸ drücken.

Anschließend wählen wir einen Transport aus und bestätigen wiederum mit NEXT.

Abbildung 5.43: Anlage »Z_I_BOOKING« – Folgescreen

Im nächsten Schritt geht es um die Auswahl des Templates. Hier markieren wir DEFINE VIEW ENTITY ❶ und beenden die Anlage mit dem Button FINISH ❷ (siehe Abbildung 5.44).

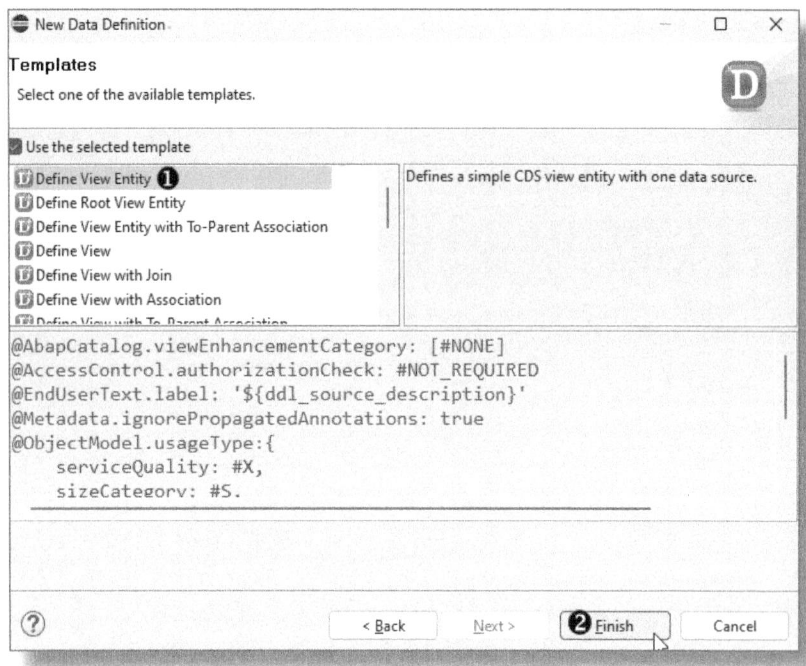

Abbildung 5.44: Anlage »Z_I_BOOKING« – Auswahl des Templates

Nach der Anlage öffnet sich der CDS-Editor. Den Code für die neue CDS-Entität entnehmen Sie dem Listing 5.20.

```
@AccessControl.authorizationCheck: #NOT_REQUIRED
@EndUserText.label: 'Interface View Booking'
define view entity Z_I_BOOKING as select from /dmo/booking
  association to parent Z_I_TRAVEL as _Travel on $projection.
TravelId = _Travel.TravelId
{
  key travel_id as TravelId,
  key booking_id as BookingId,
  booking_date as BookingDate,
  customer_id as CustomerId,
  carrier_id as CarrierId,
  connection_id as ConnectionId,
  flight_date as FlightDate,
```

```
    @Semantics.amount.currencyCode: 'CurrencyCode'
    flight_price as FlightPrice,
    currency_code as CurrencyCode,

    _Travel
}
```

Listing 5.20: CDS-Code »Z_I_BOOKING«

Wie bereits oben erwähnt, bedarf es einer Anpassung der Root View Entity `Z_I_TRAVEL`, um die Parent-Child-Beziehung zu generieren. Mit dem Schlüsselbegriff `composition [1..*] of` wird die Beziehung erzeugt (siehe Listing 5.21), dabei wird nach `composition` die Kardinalität angegeben: In diesem Fall wurde `[1..*]` (1:n-Beziehung) gewählt. Im Anschluss nehmen wir die Composition `_Booking` in die Selektionsliste auf.

```
@AccessControl.authorizationCheck: #NOT_REQUIRED
@EndUserText.label: 'Travel Interface'
@AbapCatalog.extensibility.extensible: true
define root view entity Z_I_TRAVEL
  as select from /dmo/travel
  composition[1..*] of Z_I_BOOKING as _Booking
{
  key travel_id     as TravelId,
[ . . . ]
  _Booking
}
```

Listing 5.21: Adaption »Z_I_TRAVEL«

Die Entität der Bookings ist nun in dem Root-Datenmodell der Travel inkludiert. Eine normale View Entity besitzt keine eigene Behavior Definition und Implementierung.

Nun öffnen wir die bestehende Behavior Definition der Root Entity Travel (`Z_I_TRAVEL`) und definieren einen Block (Sub-Behavior) für die neue Child-Entität Booking (`Z_I_BOOKING`). Dabei wird das Sub-Behavior mit dem Schlüsselwort `define behavior` unter der bestehenden Travel Behavior definiert. Ebenso müssen wir die Booking-Entität mit dem Schlüsselwort `association` als Association in die Travel Behavior aufnehmen (siehe Listing 5.22).

```
managed implementation in class zcl_i_travel unique;
strict;
with draft;

define behavior for Z_I_TRAVEL //alias <alias_name>
persistent table /DMO/TRAVEL
draft table zdmo_travel_d
lock master
total etag Lastchangedat
authorization master ( instance )
late numbering
//with unmanaged save
{
[ . . . ]
  association _Booking {create; with draft; }
[ . . . ]
}

define behavior for Z_I_BOOKING //alias <alias_name>
persistent table /dmo/booking
draft table zdmo_booking_d
lock dependent
late numbering
authorization dependent {
  field (readonly) TravelId, BookingId;
  update;
  delete;
  association _Travel { with draft; }

  mapping for /DMO/BOOKING
  {
    TravelId = travel_id;
    BookingId = booking_id;
    BookingDate = booking_date;
    CustomerId = customer_id;
```

```
      CarrierId = carrier_id;
      ConnectionId = connection_id;
      FlightDate = flight_date;
      FlightPrice = flight_price;
      CurrencyCode = currency_code;
    }
  }
```

Listing 5.22: Behavior Definition »Z_I_TRAVEL« – Adaption

Nach der Anpassung der Behavior Definition tritt ein Fehler auf, da die dort spezifizierte Draft-Tabelle `ZDMO_BOOKING_D` noch nicht existiert. Es erscheint ein Quick-Fix-Vorschlag, der uns durch den Prozess der Erstellung ebendieser leitet, sodass die Konsistenz in unserer Definition gewährleistet werden kann.

Wir drücken auf den Quick Fix und wählen den Menüpunkt ENTWURFSTABELLE ZDMO_BOOKING_D FÜR ENTITÄT Z_I_BOOKING ANLEGEN (siehe Abbildung 5.45).

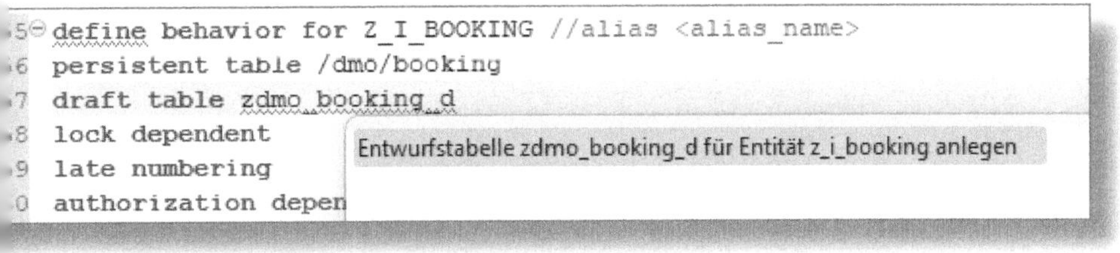

```
define behavior for Z_I_BOOKING //alias <alias_name>
persistent table /dmo/booking
draft table zdmo_booking_d
lock dependent
late numbering
authorization depen
```

Entwurfstabelle zdmo_booking_d für Entität z_i_booking anlegen

Abbildung 5.45: Quick Fix der Draft-Tabelle

Im nächsten Schritt öffnet sich das Fenster NEW DRAFT TABLE zum Erstellen der neuen Schattentabelle. Dabei werden der NAME und die Beschreibung (DESCRIPTION) des neuen Objekts automatisch voreingestellt. Um mit der Anlage fortzufahren, klicken wir auf den Button NEXT ❶ (siehe Abbildung 5.46).

Abbildung 5.46: Draft-Tabelle »Booking« anlegen

Auf dem Folgescreen müssen wir einen Transport angeben und beenden die Anlage mit FINISH.

Es öffnet sich die neu angelegte Draft-Tabelle `ZDMO_BOOKING_D` (siehe Listing 5.23).

```
@EndUserText.label : 'Entwurfstabelle für Entität Z_I_
BOOKING'
@AbapCatalog.enhancement.category : #EXTENSIBLE_ANY
@AbapCatalog.tableCategory : #TRANSPARENT
@AbapCatalog.deliveryClass : #A
@AbapCatalog.dataMaintenance : #RESTRICTED
define table zdmo_booking_d {
```

```
  key mandt          : mandt not null;
  key travelid       : /dmo/travel_id not null;
  key bookingid      : /dmo/booking_id not null;
  key draftuuid      : sdraft_uuid not null;
  parentdraftuuid    : sdraft_uuid;
  bookingdate        : /dmo/booking_date;
  customerid         : /dmo/customer_id;
  carrierid          : /dmo/carrier_id;
  connectionid       : /dmo/connection_id;
  flightdate         : /dmo/flight_date;
  @Semantics.amount.currencyCode : 'zdmo_booking_d.
currencycode'
  flightprice        : /dmo/flight_price;
  currencycode       : /dmo/currency_code;
  "%admin"           : include sych_bdl_draft_admin_inc;

}
```

Listing 5.23: Draft-Tabelle »ZDMO_BOOKING_D«

Im nächsten Schritt wechseln wir zurück in die Behavior Definition `Z_I_TRAVEL` und aktivieren das Objekt mit dem Button .

Wir haben in der Behavior-Klausel der Travel die Association `_Booking` aufgenommen. Dies hat zur Folge, dass die Anlage einer Booking über eine Travel erfolgen muss. Im Gegensatz zu eigenständigen Entitäten, die direkt erstellt werden können, erfordert die Erstellung einer Booking-Instanz eine Navigation durch die Parent-Beziehung. Die enge Verknüpfung fördert eine klare Struktur und bewahrt die Datenintegrität.

Da für die Haupt-Entität die `late numbering`-Funktionalität festgelegt ist, muss diese ebenso auf der Child-Entität aktiviert und implementiert werden. Mit `late numbering` können wir bei Anlage die Booking-ID vergeben. In der Behavior-Implementierungsklasse `ZCL_I_TRAVEL` werden wir die bereits angelegte Methode `adjust_numbers` erweitern. Den angepassten Code entnehmen Sie Listing 5.24.

```
METHOD adjust_numbers.
    SELECT MAX( travel_id ) FROM /dmo/travel INTO @DATA(lv_
max).

    LOOP AT mapped-z_i_travel ASSIGNING FIELD-SYMBOL(<ls_
travel>).
      lv_max = lv_max + 1.
      <ls_travel>-travelid = lv_max.
    ENDLOOP.

    DATA(lv_booking_index) = 1.
    LOOP AT mapped-z_i_booking ASSIGNING FIELD-SYMBOL(<ls_
booking>).
      DATA(ls_travel) = VALUE #( mapped-z_i_travel[ 1 ]
OPTIONAL ).

      IF ls_travel IS INITIAL.
        SELECT MAX( booking_id ) FROM /dmo/booking WHERE
travel_id = @<ls_booking>-%tmp-travelid INTO @DATA(lv_max_b).
        lv_max_b = lv_max_b + lv_booking_index.
        <ls_booking>-bookingid = lv_max_b.
      ELSE.
        <ls_booking>-bookingid = lv_booking_index.
      ENDIF.
      <ls_booking>-travelid = <ls_booking>-%tmp-travelid.
      lv_booking_index += lv_booking_index.
    ENDLOOP.

ENDMETHOD.
```

Listing 5.24: Erweiterte Methode »adjust_numbers«

Das Hinzufügen der Booking-Entität bzw. der Booking-Node auf Interface-Ebene ist somit abgeschlossen. Nun widmen wir uns der Anreicherung der Consumption-Ebene. Hierfür bedarf es folgender Schritte:

1. Neuanlage der Projection View Z_C_BOOKING inklusive To-Parent-Beziehung zu Z_C_TRAVEL und UI-Annotationen für die Darstellung in der Fiori-Applikation

2. Composition-Erweiterung in Z_C_TRAVEL zu Z_C_BOOKING, Einbau der UI-Facet-Annotation, um die Nodes auf der Object Page der Travel zu sehen

3. Adaption der Behavior Definition Z_C_TRAVEL, d. h. Inkludierung der Child Association in der Root-Klausel und Neudefinition des Behavior für Z_C_BOOKING

Zuerst legen wir die neue Consumption View Z_C_BOOKING an. Im Project Explorer aus Abbildung 5.47 führen wir einen Rechtsklick auf DATA DEFINITIONS ❶ aus und navigieren zum Menüpunkt NEW DATA DEFINITION ❷.

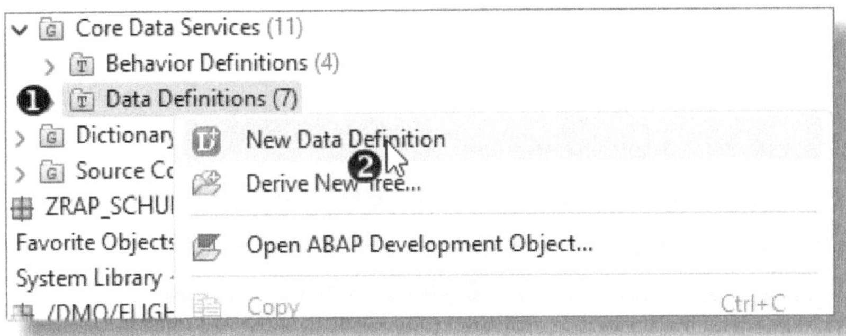

Abbildung 5.47: New Data Definition anlegen

Es erscheint das Anlagefenster NEW DATA DEFINITION (siehe Abbildung 5.48). Hier wählen wir den NAMEN *Z_C_BOOKING* ❶ und die DESCRIPTION *Projection View Booking* ❷. Wir fahren mit der Anlage fort, indem wir den Button NEXT ❸ drücken.

Abbildung 5.48: Anlage »Z_C_BOOKING«

Anschließend sollte ein Transport selektiert und erneut der Button NEXT geklickt werden.

Im nächsten Schritt erscheint die Auswahl des Templates. Hier entscheiden wir uns für das Template DEFINE PROJECTION VIEW ❶ und beenden die Anlage mit dem Button FINISH ❷ (siehe Abbildung 5.49).

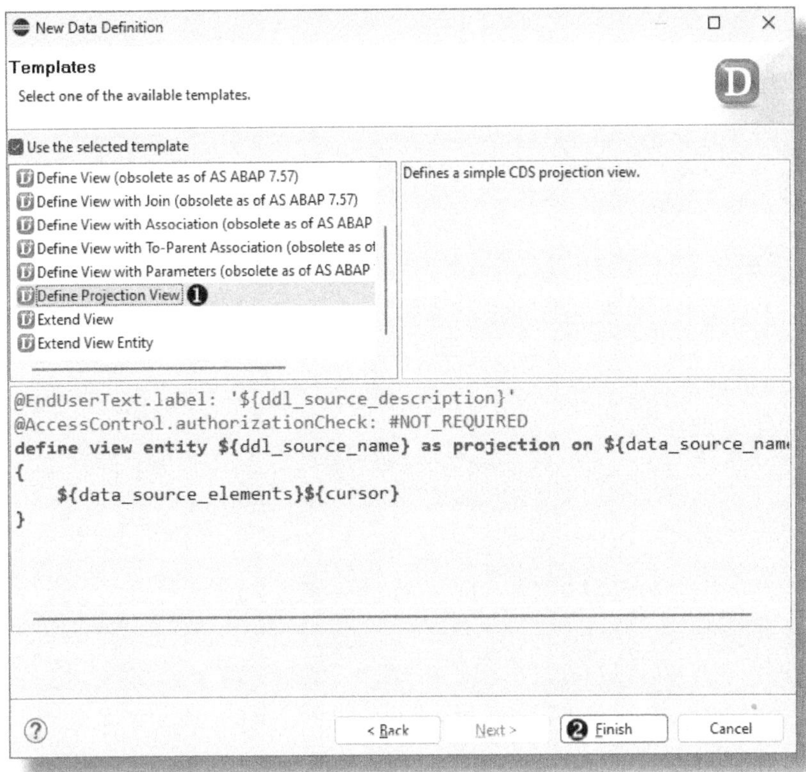

Abbildung 5.49: Template auswählen

Nach der Anlage öffnet sich der CDS-Editor. Den Code zur neuen CDS-Entität entnehmen Sie bitte dem Listing 5.25.

```
@EndUserText.label: 'Consumption View Booking'
@AccessControl.authorizationCheck: #NOT_REQUIRED
define view entity Z_C_BOOKING
  as projection on Z_I_BOOKING
```

```
{
  @UI.facet: [ {
    id: 'idIdentificationBooking',
    type: #IDENTIFICATION_REFERENCE,
    label: 'Booking',
    position: 10
  } ]
  @UI: { lineItem: [{ position: 10 }],
         identification: [{ position: 10 }] }
  key TravelId,
  @UI: { lineItem: [{ position: 20 }],
         identification: [{ position: 20 }] }
  key BookingId,
  @UI: { lineItem: [{ position: 30 }],
         identification: [{ position: 30 }] }
  BookingDate,
  @UI: { lineItem: [{ position: 40 }],
         identification: [{ position: 40 }] }
  CustomerId,
  @UI: { lineItem: [{ position: 50 }],
         identification: [{ position: 50 }] }
  CarrierId,
  @UI: { lineItem: [{ position: 60 }],
         identification: [{ position: 60 }] }
  ConnectionId,
  @UI: { lineItem: [{ position: 70 }],
         identification: [{ position: 70 }] }
  FlightDate,
  @UI: { lineItem: [{ position: 80 }],
         identification: [{ position: 80 }] }
  FlightPrice,
  @UI: { lineItem: [{ position: 90 }],
         identification: [{ position: 90 }] }
  CurrencyCode,
  /* Associations */
  _Travel: redirected to parent Z_C_TRAVEL
}
```

Listing 5.25: Consumption View »Z_C_BOOKING«

Es bedarf nun einer Anpassung der Consumption Root View Entity Z_C_TRAVEL, um die Composition-Beziehung von Z_C_TRAVEL zu Z_C_BOOKING zu erstellen. Ebenso bauen wir eine neue Sektion in die Object Page ein, indem wir die UI-Facet-Annotation ergänzen. Listing 5.26 enthält den Code-Ausschnitt für die View, wobei die vorgenommenen Änderungen hervorgehoben sind.

```
[. . .]
define root view entity Z_C_TRAVEL
  provider contract transactional_query
  as projection on Z_I_TRAVEL
{
  @UI.facet: [ {
    id: 'idIdentification',
    type: #IDENTIFICATION_REFERENCE,
    label: 'Travel',
    position: 10
  },
  {
    id:            'Booking',
    purpose:       #STANDARD,
    type:          #LINEITEM_REFERENCE,
    label:         'Booking',
    position:      15,
    targetElement: '_Booking'
  } ]
 [ . . .]
  _Booking : redirected to composition child Z_C_BOOKING
}
```

Listing 5.26: Root Consumption View »Z_C_TRAVEL« – Adaption

Abschließend erweitern wir die Behavior Definition Z_C_TRAVEL um den Booking-Node. Dadurch stellen wir diesen auf der Consumption-Ebene zur Verfügung. Den Code-Ausschnitt für die Behavior Definition finden Sie in Listing 5.27; die vorgenommenen Änderungen sind wiederum hervorgehoben.

```
projection;
strict;
use draft;

define behavior for Z_C_TRAVEL //alias <alias_name>
{
  use create;
  use update;
  use delete;

  use action Edit;
  use action Activate;
  use action Discard;
  use action Prepare;
  use action Resume;

  use action cancelTravel;
  use function countTravel;

  use association _Booking {create; with draft;}
}

define behavior for Z_C_BOOKING //alias <alias_name>
{
  use update;
  use delete;

  use association _Travel {with draft;}
}
```

Listing 5.27: Behavior Definition »Z_C_TRAVEL« – Adaption

Die Booking-Entität ist nun vollständig in die Consumption View integriert. Um die Integration zu finalisieren, sodass die Buchungen im Service und in der Fiori-Applikation angezeigt werden, müssen wir die Consumption View in den Service exposen bzw. in die Service Definition aufnehmen (siehe Listing 5.28).

```
@EndUserText.label: 'Travel Service Definition'
define service Z_TRAVEL_SD {
  expose Z_C_TRAVEL;
  expose Z_C_BOOKING;
}
```

Listing 5.28: Service Definition

Programmatisch ist die Verknüpfung der Booking-Entität bzw. des Booking-Node mit der Travel-Entität vollständig beendet. Im nächsten Schritt werden wir die Neuentwicklung in der Preview testen. Hierfür navigieren wir in unser zuvor angelegtes Service Binding Z_TRAVEL_SB_V2, wählen die Entität Z_C_TRAVEL aus und drücken den Button PREVIEW... (siehe Abbildung 5.50).

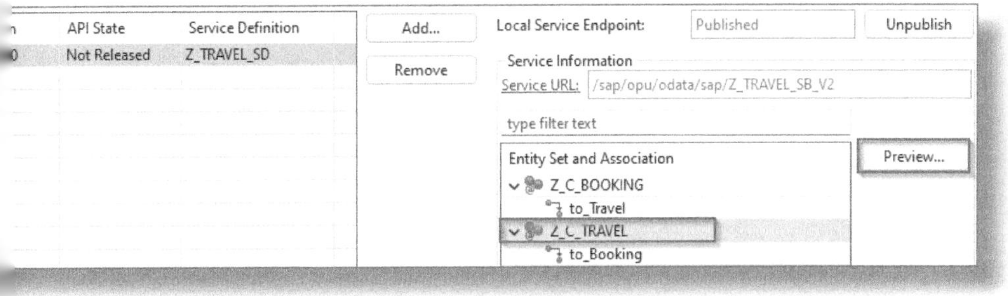

Abbildung 5.50: Fiori Preview

In der Fiori List Application navigieren wir auf die Object Page einer beliebigen Reise. In unserem Beispiel betrachten wir die Reise mit der TRAVEL ID *7* (siehe Abbildung 5.51). Zu erkennen ist, dass sich nun eine neue Tabelle auf der Object Page der Reise befindet, die alle zugehörigen Buchungen mit der eindeutigen ID (BOOKING NU...) beinhaltet.

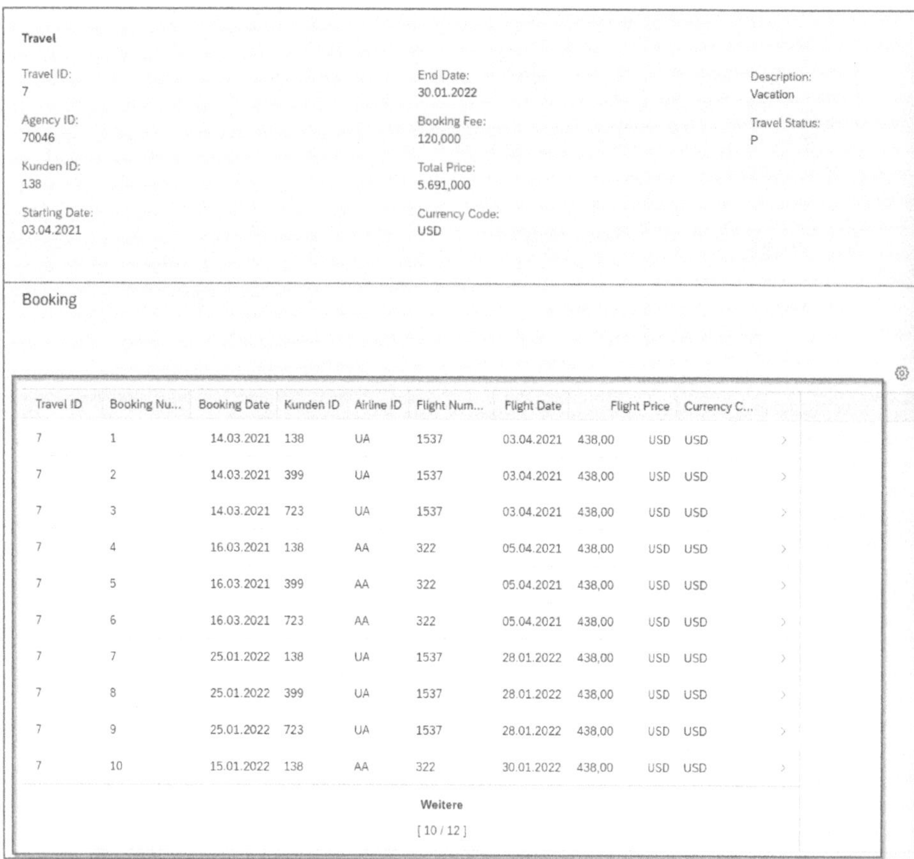

Abbildung 5.51: Fiori-Applikation mit Booking

Um neue Einträge in der Booking-Tabelle anlegen zu können, müssen wir eine bestehende Reise bearbeiten oder eine neue Reise anlegen. Dadurch erscheinen auch die Standardoperationen für die Booking-Tabelle (siehe Abbildung 5.52).

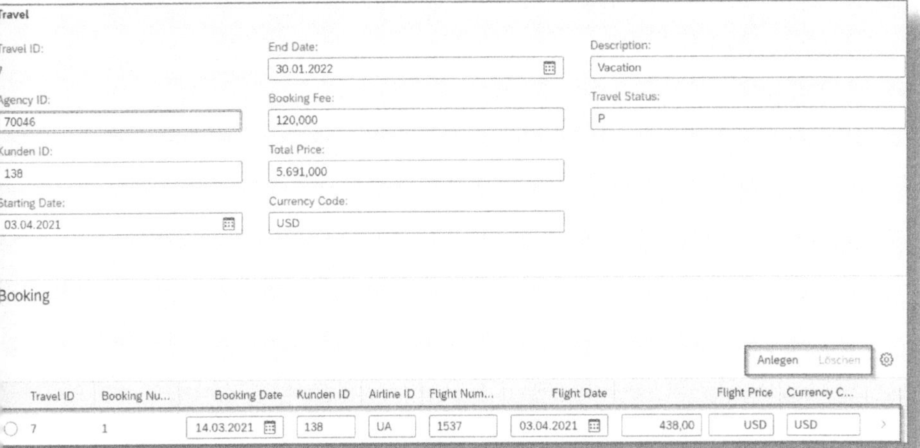

Abbildung 5.52: Bearbeiten einer bestehenden Travel inklusive Bookings

5.10 Zusammenfassung

In diesem Kapitel haben wir uns auf fortgeschrittene Funktionen des RAP konzentriert. Wir behandelten Themen wie verschiedene Nummernvergabemethoden (Numbering), die Automatisierung von Geschäftslogiken mittels Determinations und Validations zur Sicherung der Datenintegrität. Außerdem erkundeten wir Dynamic Feature Control sowie Actions und Functions für erweiterte Interaktionen innerhalb des RAP-Modells. Besondere Aufmerksamkeit galt der Unmanaged-Save-Methode, der Draft-Funktionalität und Implementierung von Hierarchien, die zusätzliche Flexibilität und Komplexität in RAP-Anwendungen bringen.

6 Custom Entities (Unmanaged Queries)

In diesem Kapitel fokussieren wir uns auf die Custom Entities im Kontext des RAP – ein unverzichtbares Werkzeug in einer zunehmend heterogenen Systemlandschaft. Custom Entities dienen als Wrapper für ABAP-Code-basierte Implementierungen und ermöglichen das Beziehen von Daten aus verschiedenen Quellen, wie z. B. anderen SAP-Systemen, (OData-)Webservices und Non-SAP-Anwendungen.

In diesem Kapitel werden wir Schritt für Schritt eine Custom Entity implementieren und ihre Anwendung in einer Fiori-Elements-Applikation demonstrieren. Dabei behandeln wir nicht nur die technische Umsetzung, sondern beleuchten auch die strategische Bedeutung der Custom Entities, um Daten aus einer vielfältigen Systemumgebung effektiv zu integrieren und zu nutzen.

Darüber hinaus werden wir die Vor- und Nachteile von Custom Entities diskutieren und auf die spezifischen Restriktionen eingehen, die bei ihrer Verwendung zu berücksichtigen sind. Ziel dieses Kapitels ist es, ein umfassendes Verständnis der Custom Entities zu schaffen und aufzuzeigen, wie sie als leistungsstarke Lösung für maßgeschneiderte Anforderungen in RAP-Anwendungen dienen können.

6.1 Einführung in Custom Entities

Auf der vorherigen Evolutionsstufe des ABAP-Programmiermodells für SAP Fiori stand es uns frei, einen eigenen ABAP-Code in der Businesslogik zu verwenden. Dabei konnten wir die generierten `GET_ENTITY`- und `GET_ENTITYSET`-Methoden der Entitäten redefinieren, um programmatisch Anwendungsfälle abzudecken, die nicht durch CDS-Views und Datenbankmodelle realisiert werden konnten. Die Custom Entities dürfen wir uns wie eine vereinfachte Form der bisherigen Methodik vorstellen. Hier wird im Wesentlichen die abstrakte Struktur der Entität definiert und anschließend durch eine Klassenimplementierung mit kundeneigener Businesslogik befüllt.

Wir haben bereits in den vorherigen Kapiteln festgestellt, dass die sogenannten CUD-Operationen in einer Behavior Definition entweder in einem Managed- oder einem Unmanaged-Szenario abgebildet werden können. In einer Custom Entity ist es immer ein **Unmanaged**-Szenario, da hier kein Bezug zu einem Datenbankmodell hergestellt werden kann. Des Weiteren wird eine zweite Klassenimplementierung für die READ-Operationen benötigt.

6.1.1 Anwendungsfälle

Pauschal lässt sich sagen, dass eine Custom Entity immer dann zum Einsatz kommt, wenn eine SQL-basierte Implementierung nicht ausreicht oder nicht möglich ist.

Die Gründe könnten sein:

- Die Datenquellen liegen nicht im eigenen SAP-System und werden beispielsweise durch einen Webservice oder Non-SAP-Systeme bereitgestellt.
- Anwendungsspezifische Performance-Optimierungen müssen implementiert werden.
- Sie wollen ABAP Managed Database Procedures (AMDP) mit eigenen Abfrageparametern einsetzen.
- Die Daten müssen auf Zeilenebene angereichert oder verdichtet werden.

6.1.2 Architektur einer Custom Entity

Anhand der Abbildung 6.1 werden wir die Architektur einer Custom Entity näher betrachten.

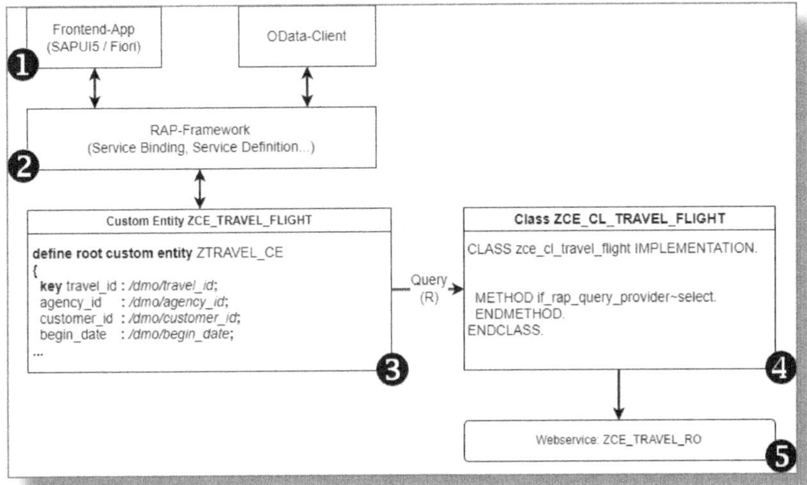

Abbildung 6.1: Custom-Entity-Architektur – Schaubild

Wie wir unter ❶ sehen, kann das RAP-Framework ❷ durch verschiedene Methoden aufgerufen werden. In unserem Schaubild haben wir uns auf einen OData-Client und eine Frontend-App beschränkt.

Erkennt das RAP-Framework ❷, dass eine READ-Anfrage an die Custom Entity ❸ gestellt wurde, wird die dazugehörige Query-Klasse durchlaufen. Diese Klasse ❹ wird mit der Annotation `@ObjectModel.query.implementedBy: 'ABAP:'` in der Custom Entity definiert. Die Query-Klasse muss das Interface `IF_RAP_QUERY_PROVIDER` implementieren, das die Methode `SELECT` für die Datenselektion enthält. Daher können wir uns diese Query-Klasse als Pendant zu den beiden bisherigen Methoden `GET_ENTITY` und `GET_ENTITYSET` aus dem Programmiermodell für SAP Fiori vorstellen.

6.2 Konzeption und Implementierung einer Custom Entity

In unserem Praxisbeispiel möchten wir einen bestehenden OData-Service über einen HTTP-Client konsumieren und die Daten in einer Fiori-Elements-Applikation ausgeben.

6.2.1 Einrichtung des Service

Auslesen eines Flug-Webservice über die Custom Entity

In unserem konkreten Beispiel legen wir für die aus dem ABAP-Flight-Reference-Modell bereitgestellten Service Definitions ein eigenes Service Binding auf. Diesen Webservice werden wir in unserer Custom Entity konsumieren, die Daten werden in einer Fiori-Applikation ausgegeben.

Zu diesem Zweck legen wir, wie in Abbildung 6.2 zu sehen, in einem neuen kundeneigenen Paket *ZCE_TRAVEL* ein Service Binding an. Hierzu machen wir einen Rechtsklick auf das Paket, wählen den Menüpunkt NEW ❶ und klicken anschließend auf OTHER ABAP REPOSITORY OBJECT ❷.

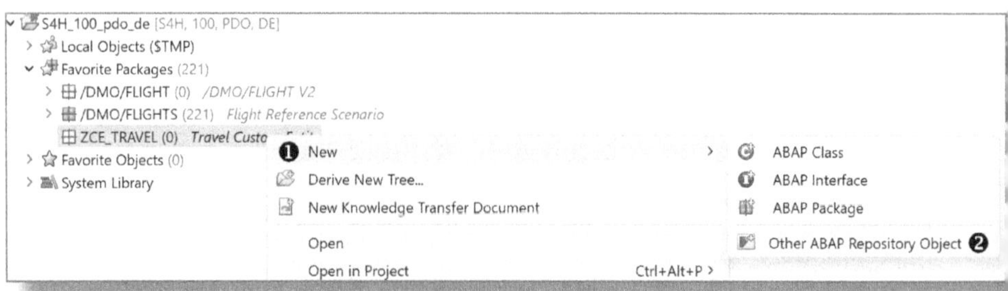

Abbildung 6.2: ABAP Repository Object – Neuanlage

Im Anschluss suchen wir nach dem Typ SERVICE BINDING ❶, markieren diesen und klicken auf NEXT ❷ (siehe Abbildung 6.3).

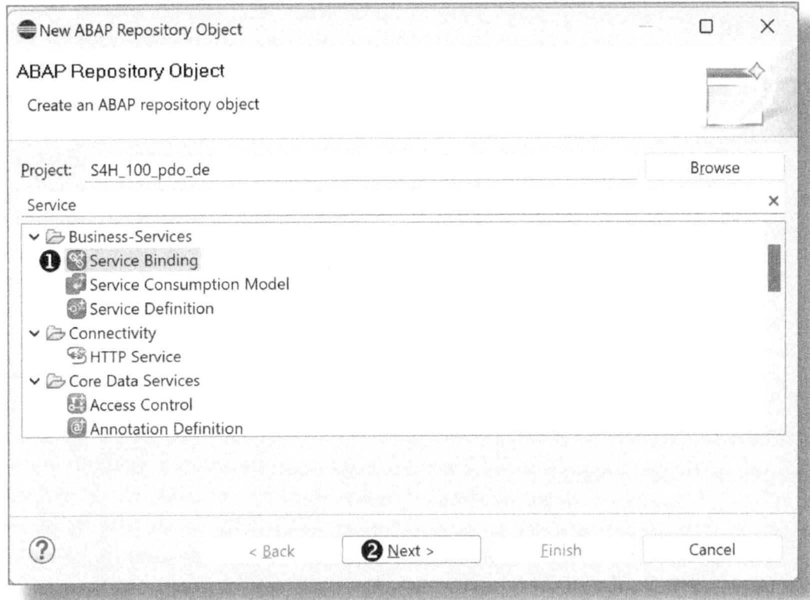

Abbildung 6.3: Service Binding – Neuanlage

Nun füllen wir die Informationen für die Anlage aus: Name *ZCE_TRAVEL_RO* ❶, Beschreibung (Description) *Service Binding Read Only Service* ❷ (siehe Abbildung 6.4). Wir wählen den Binding Type *OData V2 – UI* ❸ und die Service Definition */DMO/FLIGHT_R_V2* ❹. Nachdem wir die Daten eingetragen haben, bestätigen wir mit Next ❺.

! Service Definition aus Paket /DMO/FLIGHT(S)_READONLY

In neueren SAP-Releases kann sich der Name der Service Definition »/DMO/FLIGHT_R_V2« aus dem Flight-Reference-Modell geändert haben. Beispielsweise lautet der Name in einem SAP-S/4HANA-On-Premise-2023-System »/DMO/FLIGHT_R«. Sollte bei der Anlage des Service Binding ein Fehler auftreten, überprüfen Sie, ob im Paket »/DMO/FLIGHTS_READONLY« eine Service Definition existiert. Es könnte auch sein, dass die Service Definition manuell aktiviert werden muss.

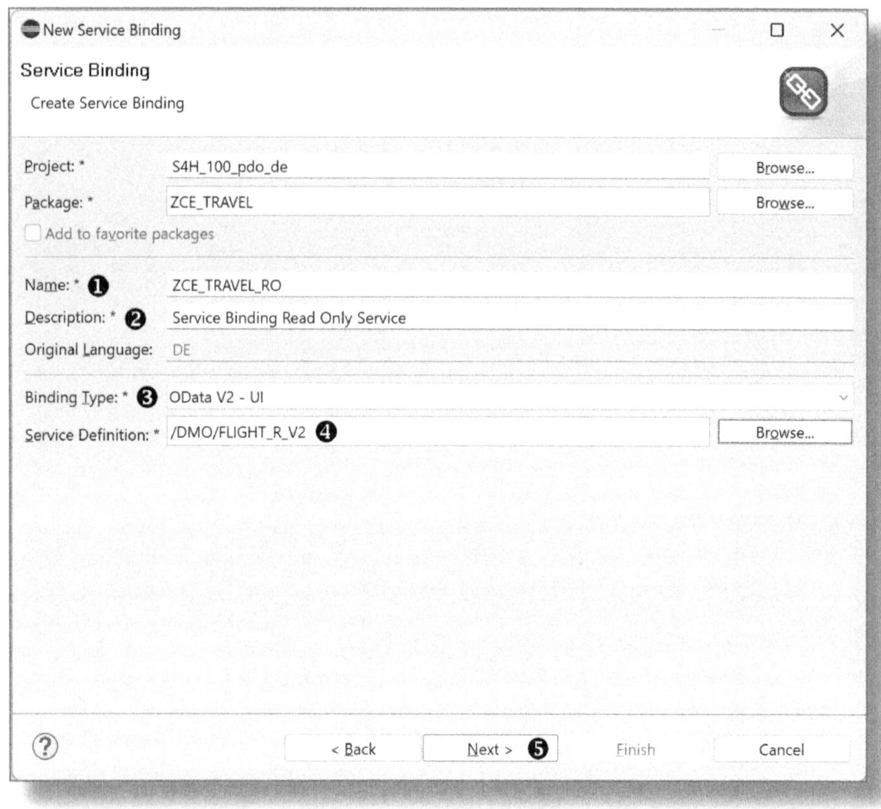

Abbildung 6.4: Service Binding – Daten eintragen

Sobald das Service Binding korrekt angelegt ist, öffnet sich ein neues Fenster in Eclipse mit dem entsprechenden Service Binding. Wir aktivieren es zunächst über den Button . Anschließend veröffentlichen wir es, wie in Abbildung 6.5 zu sehen, über die Schaltfläche PUBLISH ❶.

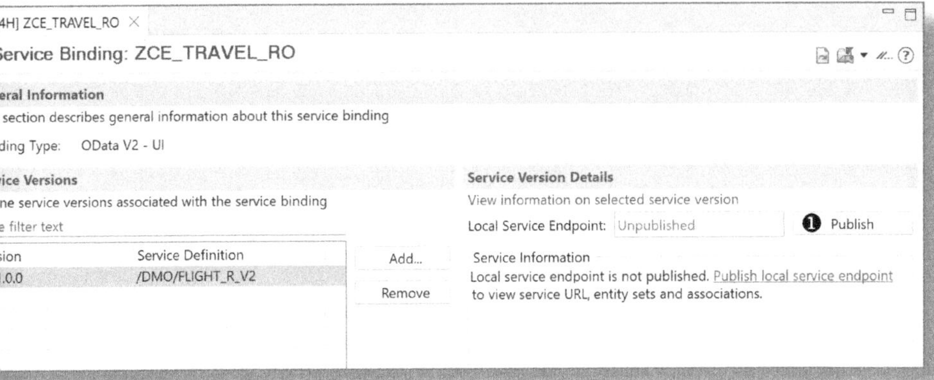

Abbildung 6.5: Service Binding – Veröffentlichung

6.2.2 Konfiguration der HTTP-Verbindung

> **! Anlage der HTTP-Verbindung**
>
> Bevor wir mit dem nächsten Schritt fortfahren, sollten wir sicherstellen, dass wir uns in einem Schulungs- oder Sandboxsystem befinden. Es könnte sein, dass ein entsprechend autorisierter SAP-Basis-Administrator aus unserem Unternehmen die gezeigte Konfiguration durchführen muss.

Jetzt erstellen wir eine HTTP-Verbindung für den späteren Aufruf. Dazu öffnen wir die Transaktion *SM59* (Konfiguration der RFC-Verbindungen) und erstellen dort mit dem Anlegen-Button (□) eine neue Verbindung (siehe Abbildung 6.6).

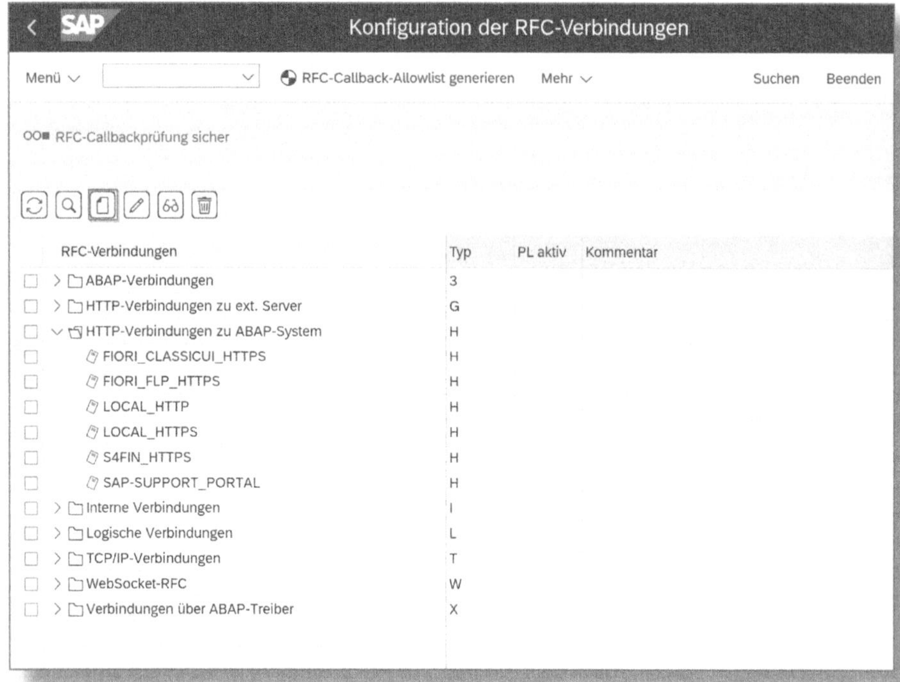

Abbildung 6.6: Neue Verbindung anlegen

Es öffnet sich ein Dialog (siehe Abbildung 6.7). Dort definieren wir einen Namen für die Verbindung ❶ – in unserem Fall *ZCE_TRAVEL_LOCAL* –, wählen den VERBINDUNGSTYP *H HTTP-Verbindung zum ABAP-System* ❷ und bestätigen den Dialog ❸.

Abbildung 6.7: Neue Destination anlegen

Nun geben wir eine BESCHREIBUNG (siehe ❶ in Abbildung 6.8) für die Destination ein, pflegen den HOST und den PORT ❷ sowie das PFADPRÄFIX zu unserem OData-Service ❸. Die neue Destination zeigt auf das eigene Sandbox-/Entwicklungssystem, daher tragen wir bei Host und Port die Daten unseres SAP-Systems ein.

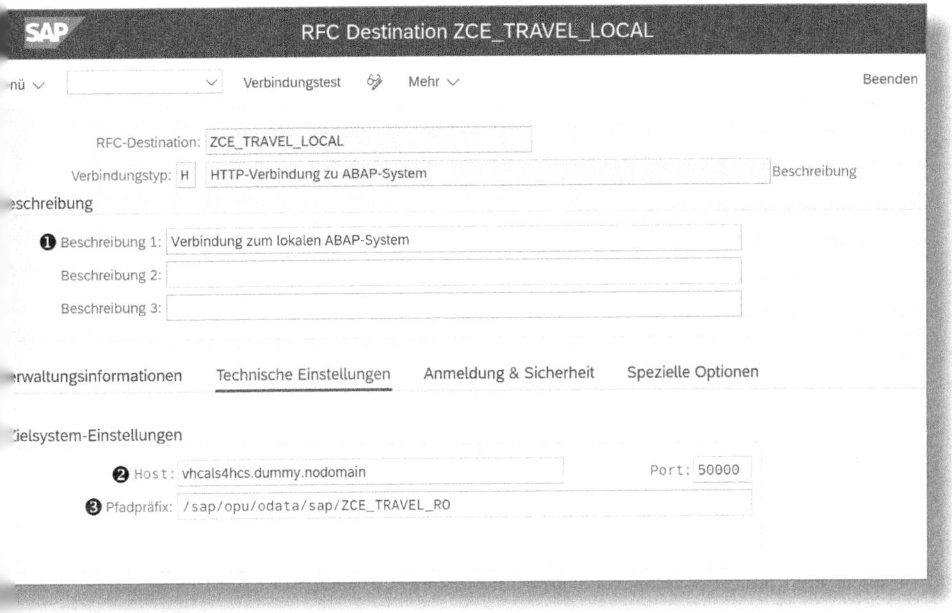

Abbildung 6.8: Technische Einstellungen der Destination pflegen

Zum Schluss können wir über den Button VERBINDUNGSTEST noch die Verbindung überprüfen. Wenn dieses erfolgreich war, erhalten wir, wie in Abbildung 6.9 zu sehen, die HTTP-RESPONSE *200*.

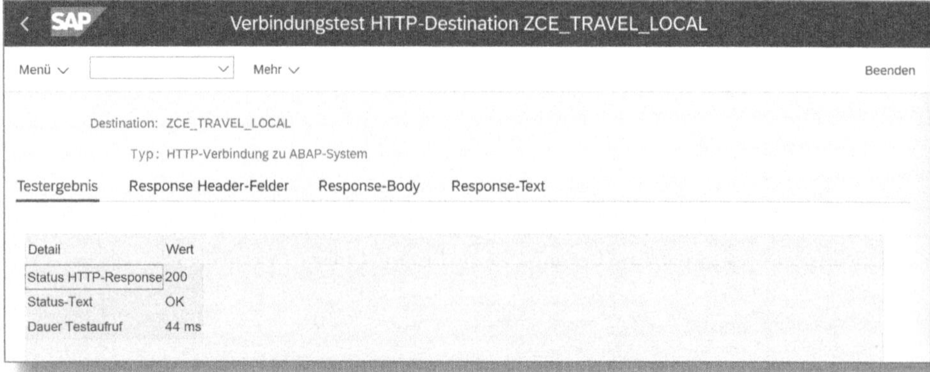

Abbildung 6.9: HTTP-Destination – Verbindungstest

Damit haben wir alle Voraussetzungen geschaffen, um diesen Webservice in der weiteren Entwicklung der Custom Entity zu nutzen.

6.2.3 Anlage der Custom Entity

Nun legen wir die Custom Entity an. Hierfür benötigen wir eine neue Data Definition in Eclipse (siehe Abbildung 6.10). Das Vorgehen entspricht dem bei einer normalen CDS Data Definition. Wir suchen in dem Anlagedialog nach dem Typ *Data Definition* ❶ und bestätigen mit Next ❷.

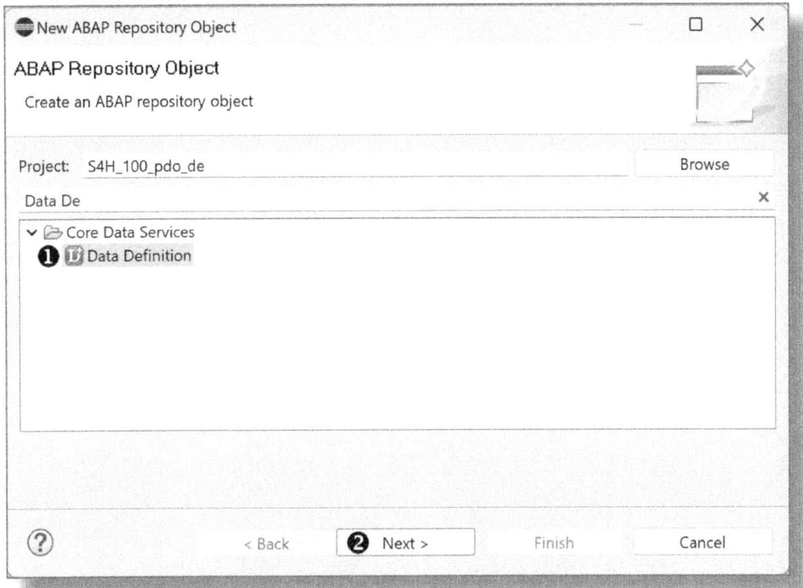

Abbildung 6.10: Typ der »Data Definition« auswählen

Wir geben den NAMEN *ZCE_TRAVEL_FLIGHT* ❶ und eine Beschreibung (DESCRIPTION) ❷ für die Anzeige der Flüge aus dem Flight-Modell ein und bestätigen mit NEXT ❸ (siehe Abbildung 6.11).

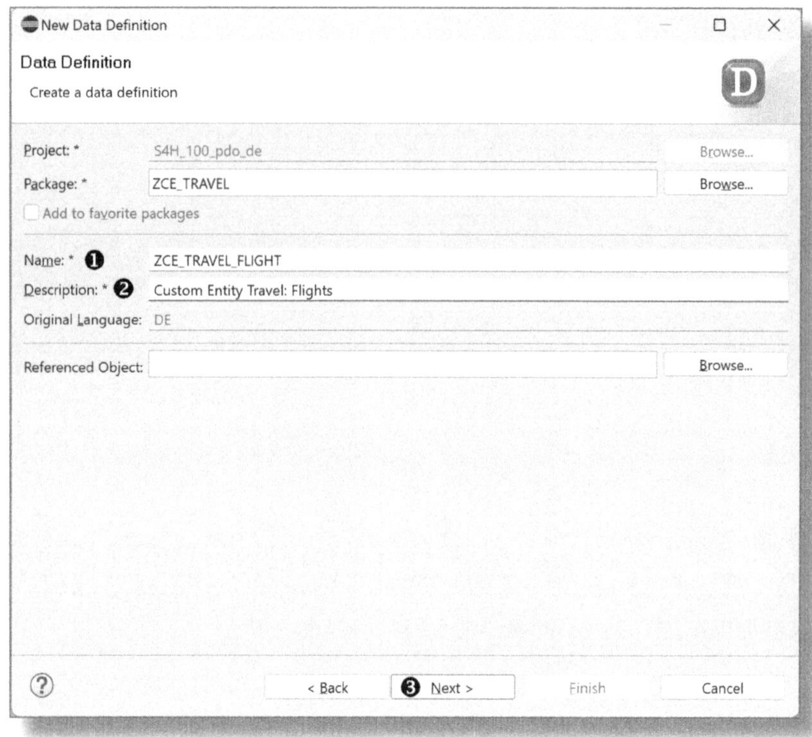

Abbildung 6.11: Data Definition für die Fluganzeige anlegen

! Button »Next« statt »Finish« verwenden

Bitte klicken Sie im weiteren Verlauf des Wizard nur auf die Schaltfläche NEXT. Wenn Sie im nächsten Schritt bei der Transportauswahl direkt auf FINISH gehen, wird ggf. ein falscher Entitätstyp angelegt, und Sie müssen von vorn anfangen.

Sobald wir einen Transport ausgewählt haben, werden uns verschiedene CDS-Templates vorgeschlagen (siehe Abbildung 6.12). Hier wählen wir das TEMPLATE *Define Custom Entity with Parameters* ❶ und bestätigen mit FINISH ❷.

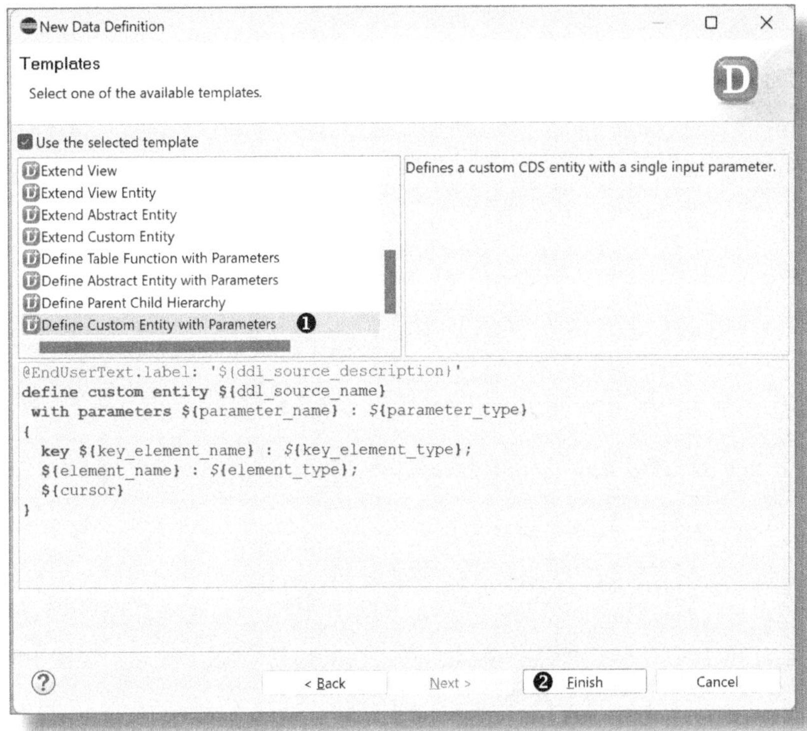

Abbildung 6.12: Custom Entity Template auswählen

Im nächsten Schritt definieren wir die Felder der Custom Entity inklusive der Annotationen für die spätere Ausgabe. Das in Listing 6.1 gezeigte Code-Exempel finden Sie in dem Git Repository zu diesem Buch.

```
@EndUserText.label: 'Custom Entity Travel: Flights'
@ObjectModel.query.implementedBy: 'ABAP:ZCE_CL_TRAVEL_FLIGHT'
@UI: {
  headerInfo: {
    typeName: 'Flight',
    typeNamePlural: 'Flights',
    description: { type: #STANDARD, value: 'ConnectionID' }
//case-sensitive
  }
}
```

```
define custom entity ZCE_TRAVEL_FLIGHT
{
      @UI.facet      : [ {
          id         : 'idIdentification',
          type       : #IDENTIFICATION_REFERENCE,
          label      : 'Flight',
          position   : 10
        } ]
      @EndUserText.label: 'Airline'
      @UI            : {
       lineItem      : [{ position: 10 }],
       identification: [{ position: 10 }],
       selectionField: [{ position: 10 }]
      }
  key AirlineID      : /dmo/carrier_id;
      @EndUserText.label: 'Connection Number'
      @UI            : {
       lineItem      : [{ position: 20 }],
       identification: [{ position: 20 }]
      }
  key ConnectionID   : /dmo/connection_id;
      @EndUserText.label: 'Flight Date'
      @UI            : {
       lineItem      : [{ position: 30 }],
       identification: [{ position: 30 }]
      }
  key FlightDate     : /dmo/flight_date;

      @Semantics.amount.currencyCode: 'CurrencyCode'
      @EndUserText.label: 'Price'
      @UI            : {
       lineItem      : [{ position: 40 }],
       identification: [{ position: 40 }]
      }
      Price          : /dmo/flight_price;

      @Semantics.currencyCode: true
      CurrencyCode   : /dmo/currency_code;

      @EndUserText.label: 'Plane Type'
```

```
      @UI            : {
       lineItem      : [{ position: 50 }],
       identification: [{ position: 50 }]
      }
      PlaneType      : /dmo/plane_type_id;

      @EndUserText.label: 'Maximum Seats'
      @UI            : {
       lineItem      : [{ position: 60 }],
       identification: [{ position: 60 }]
      }
      MaximumSeats   : /dmo/plane_seats_max;

      @EndUserText.label: 'Occupied Seats'
      @UI            : {
       lineItem      : [{ position: 70 }],
       identification: [{ position: 70 }]
      }
      OccupiedSeats  : /dmo/plane_seats_occupied;

}
```

Listing 6.1: Custom Entity – Datendefinition

☛ Definieren Sie Annotationen direkt in der Custom Entity

Wie Ihnen in dem obigen Code-Ausschnitt vielleicht aufgefallen ist, haben wir die Annotationen direkt in der Custom Entity definiert. Bis zum Release S/4HANA On-Premise 2023 bestand keine Möglichkeit, die Annotationen einer Custom Entity in eine Metadata Extension auszulagern. Ob sich dies in Zukunft ändern wird, können wir nicht mit Gewissheit sagen.

Nachdem wir die Eigenschaften der Custom Entity definiert haben, statten wir diese mit einer Query aus, die auf ABAP basiert. Dafür legen wir zuerst einen neue ABAP-Klasse mit dem Interface IF_RAP_QUERY_PROVIDER an.

Wie in Abbildung 6.13 zu sehen, vergeben wir den Klassennamen *ZCE_CL_TRAVEL_FLIGHT* ❶, eine Beschreibung (DESCRIPTION) ❷ und wählen über die Schaltfläche ADD ❸ das Interface *IF_RAP_QUERY_PROVIDER* aus ❹.

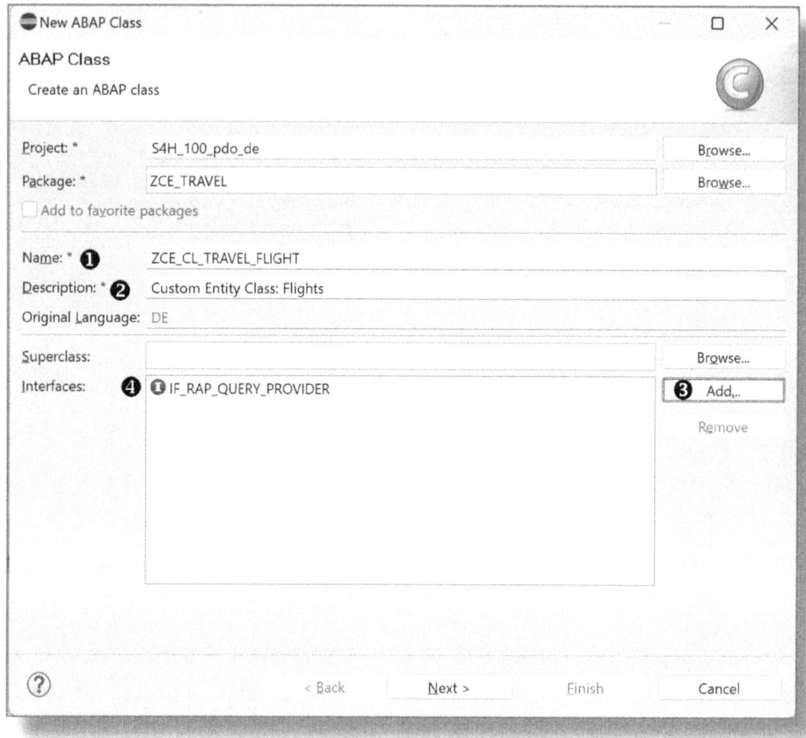

Abbildung 6.13: Neue ABAP-Klasse anlegen

Nachdem wir die Klasse angelegt haben, hinterlegen wir sie in den Annotationen als Query-Klasse für die Custom Entity.

In der Custom Entity wird über die eigentliche Definition eine neue Annotation eingefügt ❶, diese definiert die Klasse für die Lesezugriffe auf die Custom Entity (siehe Abbildung 6.14).

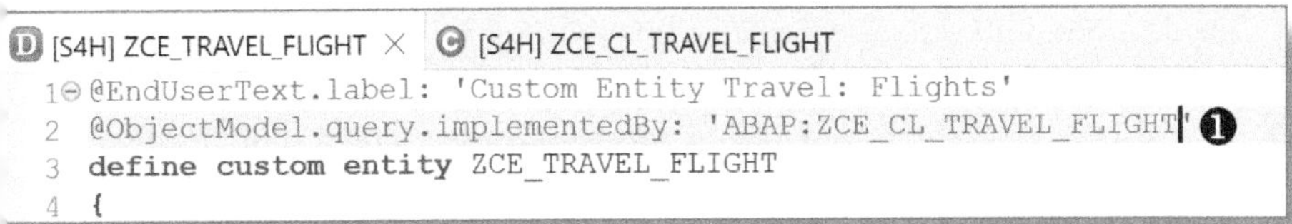

[S4H] ZCE_TRAVEL_FLIGHT × [S4H] ZCE_CL_TRAVEL_FLIGHT

```
@EndUserText.label: 'Custom Entity Travel: Flights'
@ObjectModel.query.implementedBy: 'ABAP:ZCE_CL_TRAVEL_FLIGHT' ❶
define custom entity ZCE_TRAVEL_FLIGHT
{
```

Abbildung 6.14: Custom Entity Query implementieren

6.2.4 Implementierung der Custom Entity

Das Interface IF_RAP_QUERY_PROVIDER besitzt die Methode SELECT, die zwei Parameter beinhaltet: zum einen IO_REQUEST für alle Anfragedaten und zum anderen IO_RESPONSE für die Rückgabe der Daten.

Die Objektinstanz von IO_REQUEST beinhaltet die in Tabelle 6.1 aufgelisteten Methoden.

Methode	Funktion
GET_ENTITY_ID	liefert den Namen der Entität, falls eine Implementierung für verschiedene Szenarien genutzt wird
GET_FILTER	liefert die Filterinformationen
GET_PAGING	liefert die Paginierungsinformationen
GET_PARAMETERS	liefert die Parameter für die Entität
GET_REQUESTED_ELEMENTS	liefert die angeforderten Komponenten bzw. Felder der Entität
GET_SEARCH_EXPRESSION	liefert den Suchstring
GET_SORT_ELEMENTS	liefert die Sortierreihenfolge
GET_AGGREGATION	liefert die Aggregationsinformationen
IS_DATA_REQUESTED	zeigt an, ob Daten zurückgeliefert werden sollen
IS_TOTAL_NUMB_OF_REC_REQUESTED	zeigt an, ob die Anzahl der Datensätze zurückgegeben werden soll

Tabelle 6.1: Methoden der Objektinstanz »IO_REQUEST«

Die Objektinstanz von `IO_RESPONSE` beinhaltet die in Tabelle 6.2 aufgelisteten Methoden für die Rückgabe der Daten aus dem Backend.

Methode	Funktion
SET_DATA	gibt die Daten zurück (hierbei muss das Paging beachtet werden)
SET_TOTAL_NUMBER_OF_RECORDS	gibt die Anzahl der Zeilen zurück (hierbei muss das Paging ignoriert werden)

Tabelle 6.2: Objektinstanz »IO_RESPONSE« – Methoden

☛ Hinweis zu den Rückgabemethoden

Wenn die Methode IS_DATA_REQUESTED einen wahren Boolean-Wert (TRUE) zurückgibt, muss zwingend die Methode SET_DATA aufgerufen werden. Das Gleiche gilt für die Methode IS_TOTAL_NUMB_OF_REC_REQUESTED in Verbindung mit der Methode SET_TOTAL_NUMBER_OF_RECORDS.

Wir möchten Ihnen nun vorerst in der Theorie erklären, welche Methodenaufrufe in einer gewöhnlichen Implementierung verwendet werden und welche Funktionen diese haben. Zuerst implementieren wir eine Abfrage, ob überhaupt Daten angefragt wurden. Dazu wird die Methode `is_data_requested` von der Objektinstanz `io_request` abgefragt:

```
DATA(lv_requested) = io_request->is_data_requested( )
```

Wenn dieses einen wahren Boolean-Wert (TRUE) zurückgibt, werden anschließend die Filterbedingungen abgefragt. Dazu greift die Objektinstanz `io_request` auf die Methode `get_filter` zu.

In der weiteren Methodenverkettung können wir entscheiden, ob wir die Filter als Ranges (`get_as_ranges`), als SQL-String (`get_as_sql_string`) oder als dynamischen Baum (`get_as_tree`) erhalten möchten. In unserem Beispiel werden wir die Filterwerte als Ranges auslesen:

```
DATA(lt_range) = io_request->get_filter( )->get_as_ranges( )
```

Im nächsten Schritt lesen wir das geforderte Paging aus. Dazu steht uns die Methode `get_paging` zur Verfügung. Diese bietet in der Methodenverkettung zwei weitere Methoden: `get_page_size` entspricht in einem OData-Request dem `$top`-Parameter, die `get_offset`-Methode hingegen dem `$skip`-Parameter.

```
DATA(lv_skip) = io_request->get_paging( )->get_offset( )
DATA(lv_top) = io_request->get_paging( )->get_page_size( )
```

Ist eine Sortierung gefordert, kann dazu die Methode `get_sort_elements` aufgerufen werden:

```
DATA(lt_sort_elem) = io_request->get_sort_elements( )
```

Nachdem wir die Selektions- und Filterbedingungen aus der Objektinstanz `io_request` ausgelesen und die Daten für die Rückgabe aufbereitet haben, geben wir diese an das Frontend zurück. Dazu wird die Methode `set_data` der Objektinstanz `io_response` aufgerufen. Im letzten Schritt müssen wir die Gesamtanzahl der Rückgabezeilen ohne die Berücksichtigung des Paging über die Methode `get_total_number_of_records` setzen. Nur dadurch weiß das Frontend, ob es noch weitere Einträge gibt, die durch Paging in die Applikation geladen werden können.

```
io_response->set_data( it_data = lt_response )
io_response->set_total_number_of_records( lv_lines )
```

Nachdem wir Ihnen die grundlegend benötigten Methoden für die Implementierung einer Custom Entity aufgezeigt haben, müssen wir noch die Klasse `zce_cl_travel_http` im Paket ZCE_TRAVEL anlegen. Diese kümmert sich um die Abfragen an die zuvor angelegte HTTP-Verbindung *ZCE_TRAVEL_LOCAL*. Den Programmcode finden wir in Listing 6.2.

```
CLASS zce_cl_travel_http DEFINITION
  PUBLIC
  FINAL
  CREATE PUBLIC.
```

```
  PUBLIC SECTION.
    TYPES: tt_ce_flight TYPE STANDARD TABLE OF zce_travel_
flight WITH DEFAULT KEY.

    METHODS: constructor,
      set_filter_options
        IMPORTING
          it_filter TYPE if_rap_query_filter=>tt_name_range_
pairs,
      set_paging
        IMPORTING
          iv_top  TYPE i
          iv_skip TYPE i,
      send
        RETURNING VALUE(rt_data)  TYPE tt_ce_flight.

  PRIVATE SECTION.

      TYPES:
        BEGIN OF ty_d,
          results TYPE zce_cl_travel_http=>tt_ce_flight,
       END OF ty_d.
      DATA:
        BEGIN OF ms_data_wrapper,
          d type ty_d,
        END OF ms_data_wrapper.

    DATA: mt_filter TYPE if_rap_query_filter=>tt_name_range_
pairs,
          mv_top    TYPE i,
          mv_skip   TYPE i.

    METHODS: build_request_uri
      RETURNING
        VALUE(rv_uri) TYPE string,
      parse_response
        IMPORTING
          iv_response TYPE string
        RETURNING VALUE(rt_data)     TYPE tt_ce_flight.
```

```
ENDCLASS.

CLASS ZCE_CL_TRAVEL_HTTP IMPLEMENTATION.


  METHOD constructor.
  ENDMETHOD.


  METHOD set_filter_options.
    mt_filter = it_filter.
  ENDMETHOD.


  METHOD set_paging.
    mv_top = iv_top.
    mv_skip = iv_skip.
  ENDMETHOD.


  METHOD send.

    DATA(lv_uri) = build_request_uri( ).

    cl_http_client=>create_by_destination(
      EXPORTING
        destination = 'ZCE_TRAVEL_LOCAL'
      IMPORTING
        client      = DATA(lo_http_client)
    ).

    lo_http_client->request->set_header_field(
      name  = 'Accept'
      value = 'application/json'
    ).

    cl_http_utility=>set_request_uri( request = lo_http_
client->request uri = lv_uri ).
```

```
    lo_http_client->request->set_method( if_http_request=>co_
request_method_get ).

    lo_http_client->send( ).

    lo_http_client->receive( ).

    lo_http_client->response->get_status(
      IMPORTING
        code   = DATA(lv_status)
        reason = DATA(lv_reason)
    ).

    IF lv_status = 200.
      rt_data = parse_response(
        EXPORTING
          iv_response = lo_http_client->response->get_cdata( )
      ).
    ENDIF.

    lo_http_client->close( ).

  ENDMETHOD.


  METHOD build_request_uri.
    DATA(lv_uri) = |/Flight?$format=json|.

    if line_exists( mt_filter[ name = 'AIRLINEID' ] ).
      lv_uri = lv_uri && |&$filter=AirlineID eq '{ mt_filter[
name = 'AIRLINEID' ]-range[ 1 ]-low }'|.
    endif.
    IF mv_top IS NOT INITIAL.
      lv_uri = lv_uri && |&$top={ condense( CONV string( mv_
top ) ) }|.
    ENDIF.
    IF mv_skip IS NOT INITIAL.
      lv_uri = lv_uri && |&$skip={ condense( CONV string(
mv_skip ) ) }|.
    ENDIF.
```

```
    rv_uri = lv_uri.
  ENDMETHOD.

  METHOD parse_response.
      NEW /ui2/cl_json( )->deserialize(
        EXPORTING
          json = iv_response
        CHANGING
          data = me->ms_data_wrapper
      ).

      rt_data = me->ms_data_wrapper-d-results.
  ENDMETHOD.
ENDCLASS.
```

Listing 6.2: Klasse »zce_cl_travel_http«

Nachdem wir die Klasse für die HTTP-Abfragen eingebaut haben, fehlt noch die Implementierung der Methode `select` der Unmanaged Query Klasse `zce_cl_travel_flight`, die wir bereits grundlegend erklärt haben. Diese Implementierung wird aus Listing 6.3 ersichtlich.

```
METHOD if_rap_query_provider~select.

    DATA: lv_orderby_string TYPE string.

    IF io_request->is_data_requested( ).

      DATA(lo_http) = NEW zce_cl_travel_http( ).

      TRY.
          DATA(lt_filter) = io_request->get_filter( )->get_
as_ranges( ).

        CATCH cx_rap_query_filter_no_range.
          "Fehlermeldung
      ENDTRY.
```

```
    IF lt_filter IS NOT INITIAL.
      lo_http->set_filter_options( lt_filter ).
    ENDIF.

    DATA(lo_paging) = io_request->get_paging( ).
    lo_http->set_paging(
      EXPORTING
        iv_top  = lo_paging->get_page_size( )
        iv_skip = lo_paging->get_offset( )
    ).

    DATA(lt_response) = lo_http->send( ).

    DATA(lt_sort_elem) = io_request->get_sort_elements( ).
    IF lt_sort_elem IS NOT INITIAL.
      DATA(lt_sort) = VALUE abap_sortorder_tab(
                        FOR ls_sort_elem IN lt_sort_elem
                        ( name = ls_sort_elem-element_name
                          descending = ls_sort_elem-descending )
      ).
      SORT lt_response BY (lt_sort).
    ENDIF.

    io_response->set_data( it_data = lt_response ).

    IF io_request->is_total_numb_of_rec_requested( ).
      io_response->set_total_number_of_records( 40 ).
    ENDIF.

  ELSE.
    "Es sollen keine Daten zurückgegeben werden
  ENDIF.

ENDMETHOD.
```

Listing 6.3: SELECT-Methode implementieren

6.2.5 Anlage der Service Definition

Nachdem wir die SELECT-Methode implementiert haben, legen wir die dazugehörige Service Definition an. Dazu suchen wir in dem Anlagedialog nach dem Typ *Service Definition* ❶ und bestätigen mit NEXT ❷ (siehe Abbildung 6.15).

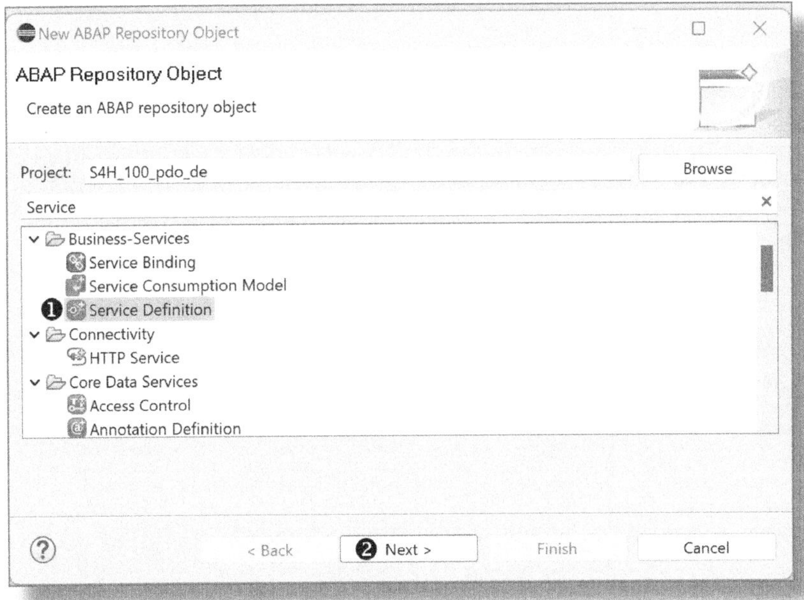

Abbildung 6.15: Service Definition – Typauswahl

Im nächsten Dialog vergeben wir den NAMEN *ZCE_TRAVEL_SD* ❶ sowie eine Beschreibung (DESCRIPTION) ❷ für die Service Definition und bestätigen mit NEXT ❸ (siehe Abbildung 6.16).

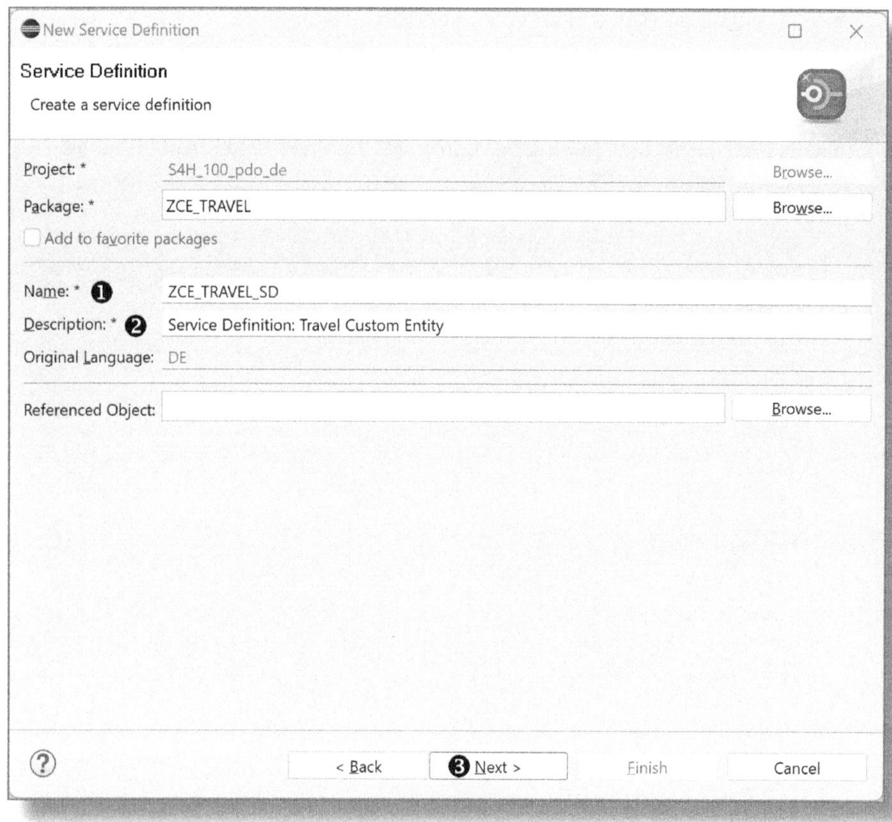

Abbildung 6.16: Service Definition anlegen

Nachdem wir einen Transport ausgewählt haben, erscheint die bereits bekannte Auswahl des Templates (siehe Abbildung 6.17). Dort ist nur das TEMPLATE *Define Service* vorhanden, das wir anklicken ❶ und mit FINISH ❷ bestätigen.

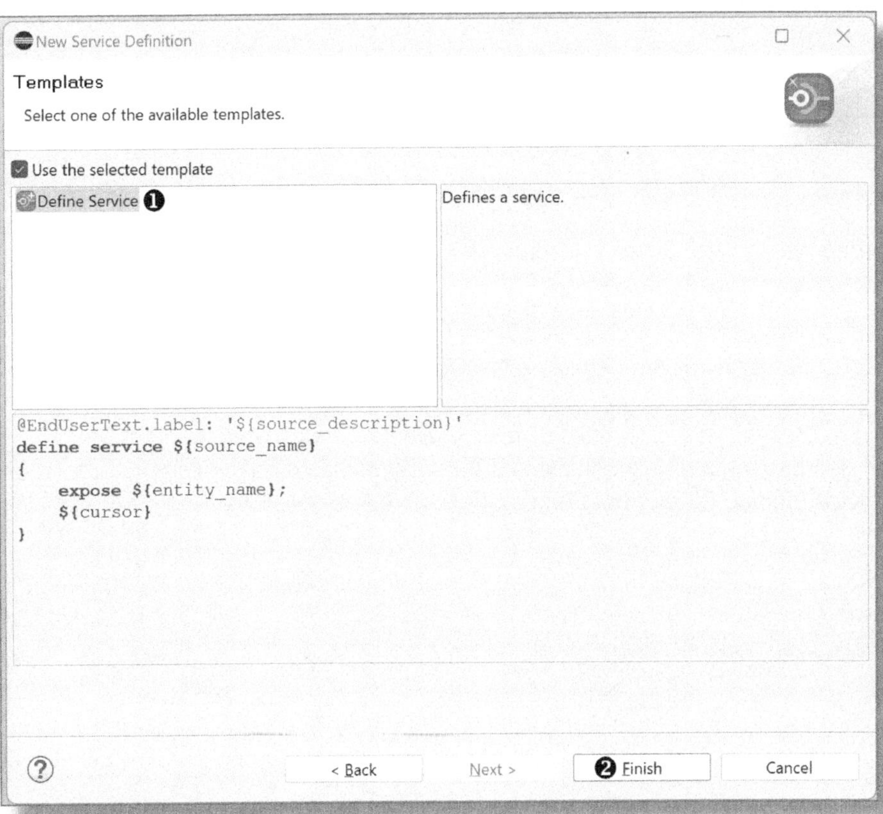

Abbildung 6.17: Template »Define Service« auswählen

Anschließend tragen wir nach der expose-Anweisung den Namen der Custom Entity (ZCE_TRAVEL_FLIGHT) ein und aktivieren über den Button die Service Definition (siehe Abbildung 6.18).

Für Entitäten können Aliasnamen vergeben werden

Bei der Service Definition kann für jede Entität ein (sprechender) Aliasname vergeben werden.

Dazu wird der Name in folgendem Format angegeben:
expose <ENTITÄT> <ALIAS>

```
*[S4H] ZCE_TRAVEL_SD
@EndUserText.label: 'Service Definition: Travel Custom Entity'
define service ZCE_TRAVEL_SD
{
    expose ZCE_TRAVEL_FLIGHT as Flight;

}
```

Abbildung 6.18: Service Definition – Entität veröffentlichen

6.2.6 Anlage des Service Binding

Nun erzeugen wir für unsere neu angelegte Service Definition ein Service Binding. Dazu suchen wir in dem Anlagedialog nach dem Typ *Service Binding* ❶ und bestätigen mit NEXT ❷ (siehe Abbildung 6.19).

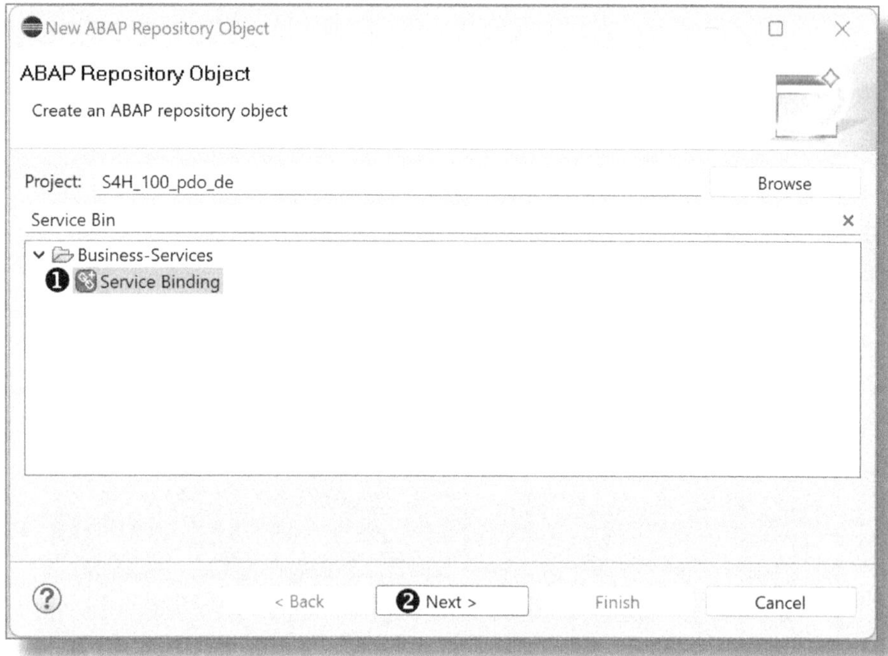

Abbildung 6.19: »Service Binding« – Typauswahl

Im nächsten Dialog vergeben wir, wie in Abbildung 6.20 zu sehen, den NAMEN *ZCE_TRAVEL_SB_O2* ❶ für das Service Binding. Anschließend erfassen wir eine Beschreibung (DESCRIPTION) ❷ und wählen den BINDING TYPE *OData V2 – UI* ❸. Über den BROWSE-Button ❹ suchen wir unsere zuvor angelegte SERVICE DEFINITION *ZCE_TRAVEL_SD*. Wir bestätigen mit NEXT ❺.

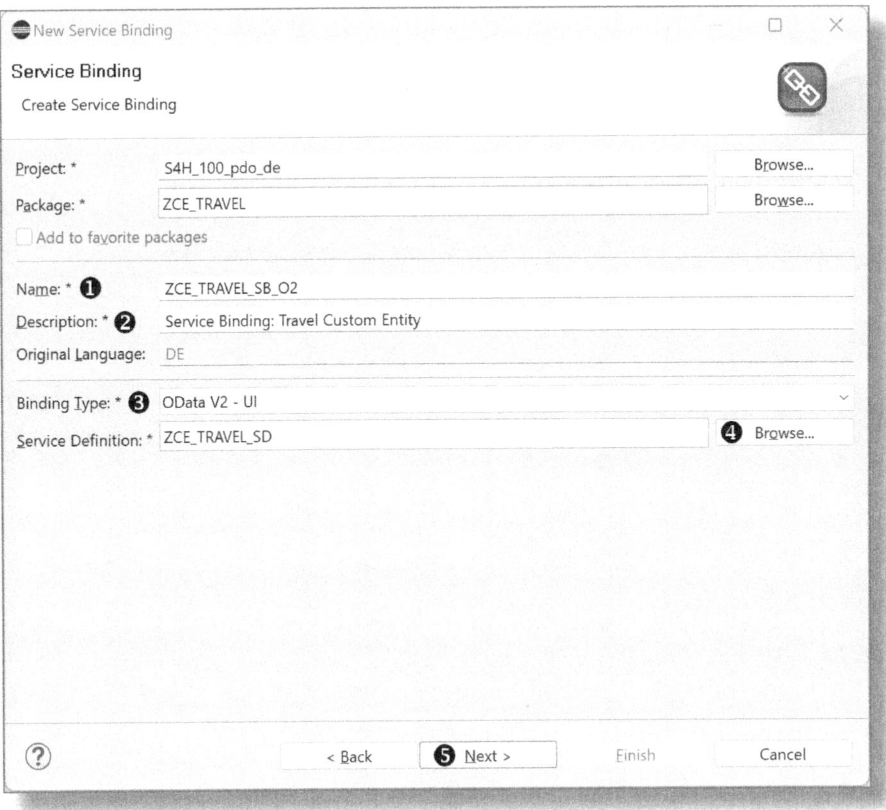

Abbildung 6.20: Service Binding anlegen

Nach der Auswahl des Transportauftrags beenden wir den Wizard mit FINISH. Automatisch öffnet sich das angelegte Service Binding, das wir nur noch aktivieren müssen ( ). Wenn das Service Binding korrekt angelegt wurde, veröffentlichen wir es mittels der Schaltfläche PUBLISH (siehe Abbildung 6.21).

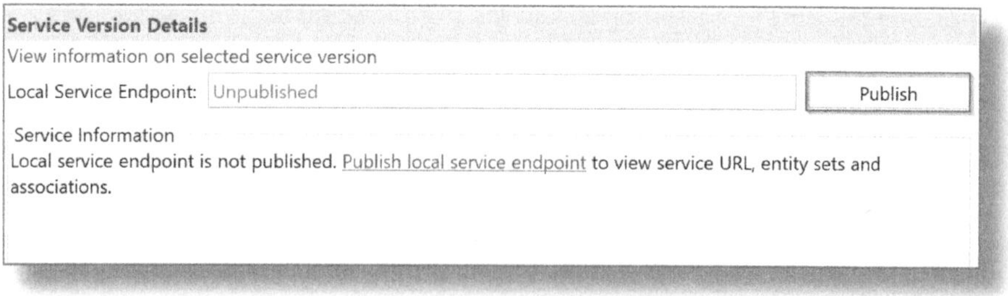

Service Version Details
View information on selected service version
Local Service Endpoint:
Unpublished
Publish
Service Information
Local service endpoint is not published. Publish local service endpoint to view service URL, entity sets and associations.

Abbildung 6.21: Service Binding – Veröffentlichung

6.2.7 Vorschau der Anwendung

Sobald das Service Binding aktiviert und publiziert wurde, können wir die Anwendung in der Vorschau aufrufen (siehe Abbildung 6.22). Dazu wählen wir die Entität *Flight* ❶ aus und klicken auf den Button PREVIEW ❷.

Service Version Details
View information on selected service version
Local Service Endpoint:
Published
Unpublish
Service Information
Service URL:
/sap/opu/odata/sap/ZCE_TRAVEL_SB_O2
type filter text
Entity Set and Association
Flight ❶
❷ Preview...

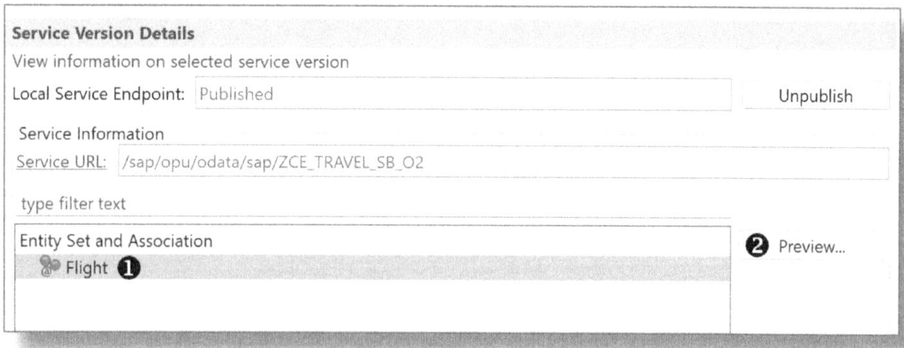

Abbildung 6.22: Anwendung – Preview

Auf diese Weise wird der Webbrowser geöffnet und die Anwendung angezeigt. Der Funktionsumfang der Anwendung beinhaltet eine Filtermöglichkeit für das Feld AIRLINE, eine Sortierung und das Paging (siehe Abbildung 6.23).

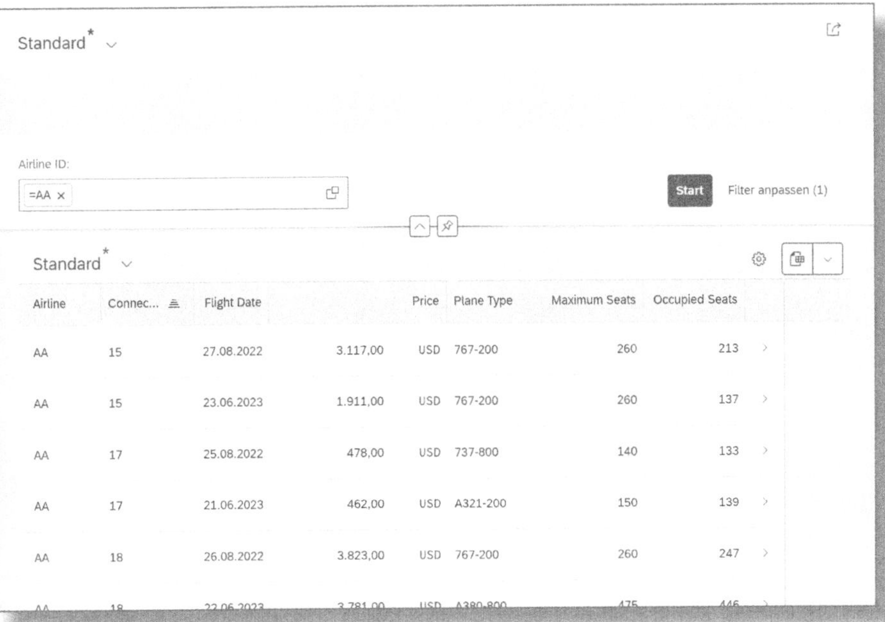

Abbildung 6.23: Frontend der Vorschauanwendung

6.3 Vor- und Nachteile von Custom Entities

Nachdem wir nun im Best-Case-Szenario eine Custom Entity angelegt haben, möchten wir auf die Vor- und Nachteile dieses Konzepts eingehen.

6.3.1 Vorteile

Der große Vorteil der Custom Entity ist die freie Verwendung von ABAP für die Implementierung von Businesslogik. Dadurch lassen sich komplexe Anwendungsfälle abbilden, wie beispielsweise in unserem Fall die Anbindung von Drittsystemen. Wenn in einem Anwendungsfall Daten nicht hauptsächlich aus dem SAP-System gelesen oder wenn sie auf Zeilenebene verdichtet werden müssen, bietet sich die Custom Entity an.

6.3.2 Nachteile

Die Custom Entity unterliegt zumindest im Release S/4HANA On-Premise 2023 noch diversen Einschränkungen und sollte immer das letzte Mittel sein. Es ist nicht möglich, sie in einem transaktionalen Szenario mit einem OData-V4-Service-Binding einzusetzen, da dort Draft-Handling benötigt wird. Aktuell wird für die CUD-Operationen in Kombination mit Custom Entities nur OData V2 unterstützt. Wird hingegen nur eine auswertende Anwendung benötigt, kann teilweise auch OData V4 genutzt werden.

Sollen auch Änderungsoperationen angeboten werden, muss die Klassenimplementierung einer Behavior Definition in einer separaten Klasse implementiert werden. Bei großen Projekten kann es hierbei schnell unübersichtlich werden.

7 Fazit und Ausblick

Der Einstieg in das ABAP RESTful Application Programming Model (RAP) stellt, wie dieses Buch ausführlich darlegt, eine nicht zu unterschätzende Herausforderung dar. Er erfordert eine gewisse Einarbeitungszeit sowie die Bereitschaft, sich auf neue Konzepte und Herangehensweisen einzulassen. Es ist jedoch wichtig zu betonen, dass sich diese Mühe absolut lohnt. RAP bietet ein modernes, effizientes und zukunftsorientiertes Programmiermodell für die Entwicklung von SAP-Anwendungen, die nahtlos in die Architektur von SAP S/4HANA integriert werden können.

Der Anspruch des vorliegenden Buches ist es, diesen Einstieg für Sie so praxisnah und fundiert wie möglich zu gestalten. Durch eine detaillierte Darstellung der verschiedenen Komponenten und Funktionen von RAP wurden sowohl theoretische Grundlagen als auch praktische Anwendungsmöglichkeiten aufgezeigt. Von Managed- und Unmanaged-Szenarien bis hin zu Custom Entities wurde ein breites Spektrum abgedeckt.

Dank der praxisorientierten Beispiele und Übungen in diesem Buch stehen Ihnen die Werkzeuge zur Verfügung, um komplexe Anwendungen erfolgreich zu entwickeln und dabei die Wartbarkeit und Erweiterbarkeit Ihrer Lösungen zu gewährleisten.

Das RAP-Modell ist einem ständigen Wandel unterworfen und wird von der SAP kontinuierlich weiterentwickelt. Diese Dynamik erfordert eine fortlaufende Auseinandersetzung mit neuen Funktionen und Verbesserungen. Für Entwickler ist es daher entscheidend, sich kontinuierlich weiterzubilden, um die Potenziale von SAP S/4HANA voll ausschöpfen zu können.

Am Ende möchten wir Ihnen danken, dass Sie uns auf dieser Lernreise begleitet haben. Wir hoffen, dass Sie die Inhalte des Buches als lehrreich und inspirierend empfunden haben und dass Sie nun gut gerüstet sind, um die Herausforderungen und Chancen, die RAP bietet, zu meistern. Wir sind zuversichtlich, dass Sie mit dem erworbenen Wissen und den Fähigkeiten innovative, zukunftsfähige Lösungen entwickeln werden, die einen echten Mehrwert für Ihr Unternehmen und Ihre Kunden darstellen.

Wir wünschen Ihnen viel Erfolg bei Ihren zukünftigen Projekten und freuen uns darauf, Sie auch in Zukunft auf dem Weg der digitalen Transformation zu begleiten.

A Die Autoren

Julian Danho, erfahrener Senior SAP Consultant und engagierter wissenschaftlicher Dozent, zeichnet sich durch seine Expertise in SAP ABAP, SAP HANA, dem RAP und SAPUI5 (Fiori) aus. Er ist bekannt für seine Fähigkeit, kundenorientierte Lösungen zu entwerfen und zu implementieren.

Parallel engagiert sich Julian Danho leidenschaftlich in der Lehre. Als Dozent an einer Hochschule für Informatik nutzt er sein umfangreiches Wissen, um Studierenden praxisnahe Einblicke zu vermitteln. Diese Kombination aus SAP-Expertise, praktischer Beratungserfahrung und pädagogischem Geschick macht ihn zu einem einzigartigen Fachmann.

Phillip Dörrschuck ist seit seiner Ausbildung zum Fachinformatiker für verschiedene Firmen als Berater und Entwickler in SAP-Projekten tätig. Aktuell prägt er unterschiedliche S/4HANA-Transformationen durch sein Fachwissen und seine strategischen Ansätze.

Mithilfe seines umfassenden Wissens in SAP ABAP, SAP HANA, SAPUI5, SAP Fiori und dem RAP entwickelt er Lösungen für Kunden in den verschiedensten Branchen. Sein Talent zeigt sich in der prozessorientierten Entwicklung maßgeschneiderter Lösungen, die präzise auf die gegenwärtigen technischen Anforderungen in einem Unternehmen zugeschnitten sind.

B Index

H

I

L

M

N

O

P

Q

R

S

U

V

W

C Disclaimer

Die in diesem Werk wiedergegebenen Gebrauchsnamen, Handelsnamen, Warenbezeichnungen usw. können auch ohne besondere Kennzeichnung Marken sein und als solche den gesetzlichen Bestimmungen unterliegen. Sämtliche in diesem Werk abgedruckten Bildschirmabzüge unterliegen dem Urheberrecht der SAP SE, Dietmar-Hopp-Allee 16, 69190 Walldorf.

In dieser Publikation wird auf Produkte der SAP SE Bezug genommen. SAP®, ABAP®, ExpenseIt®, Joule, OpenSAP®, SAP ActiveAttention®, SAP® Adaptive Server® Enterprise, SAP® Advantage Database Server®, SAP® AppGyver®, SAP Ariba®, SAP Business ByDesign®, SAP® Business Explorer®, SAP® Bex, SAP® BusinessObjects, SAP® BusinessObjects Explorer®, SAP® BusinessObjects Web Intelligence®, SAP Business One®, SAP Business Workflow®, SAP BW/4HANA®, SAP Concur®, SAP® Crystal Reports®, SAP EarlyWatch®, SAP® Emarsys®, SAP Fieldglass®, SAP Fiori®, SAP Garden®, SAP® Global Trade Services (SAP® GTS®), SAP HANA®, SAP® Jam, SAP Lumira®, SAP MaxAttention®, SAP® MaxDB®, SAP NetWeaver®, SAP® PartnerEdge®, SAP® Sapphire®, SAP® PowerBuilder®, SAP® PowerDesigner®, SAP® R/3®, SAP® Replication Server®, SAP® Roambi®, SAP S/4HANA®, SAP S/4HANA® Cloud, SAP Signavio®, SAP® SQL Anywhere®, SAP Strategic Enterprise Management® (SAP® SEM®), SAP SuccessFactors®, SAP Vora®, Taulia®, The Best Run SAP®, TripIt® und weitere im Text erwähnte SAP-Produkte und -Dienstleistungen sowie die entsprechenden Logos sind Marken oder eingetragene Marken der SAP SE in Deutschland und anderen Ländern. Die Angaben im Text sind unverbindlich und dienen lediglich zu Informationszwecken. Produkte können länderspezifische Unterschiede aufweisen.

Der SAP-Konzern übernimmt keinerlei Haftung oder Garantie für Fehler oder Unvollständigkeiten in dieser Publikation. Der SAP-Konzern steht lediglich für SAP-Produkte und -Dienstleistungen nach der Maßgabe ein, die in der Vereinbarung über die jeweiligen Produkte und Dienstleistungen ausdrücklich geregelt ist. Aus den in dieser Publikation enthaltenen Informationen ergibt sich keine weiterführende Haftung.

Weitere Bücher von Espresso Tutorials

Dr. Boris Rubarth:

Schnelleinstieg in SAP ABAP® – 2., erweiterte Auflage

- Schritt-für-Schritt-Anleitungen für Anfänger
- Hilfen für Ihre erste eigene ABAP-Anwendung
- Tipps und Tricks für das Programmieren in ABAP
- Entwicklung mit den ABAP Development Tools (ADT)

https://es-tu.de/amfw2F

Ulrich Bähr, Axel Treusch:

Praxisbuch SAP® Interactive Forms und Adobe LiveCycle Designer – 2., erweiterte Auflage

- Adobe-Produktwelt und PDF-Typen verstehen
- Grafische und Eingabeobjekte – die Bausteine eines Formulars
- XDP-Templates anlegen, einrichten, ex- und importieren
- Was ist neu im AEM Forms Designer (bisher LifeCycle Designer)?

https://es-tu.de/nspidt

Thomas Stutenbäumer:

SAP® Praxishandbuch ABAP Teil 1 – Konzeption, Entwicklung und Debugging – 2., erweiterte Auflage

- Praxisorientierte Verfahren und Methoden der ABAP-Programmierung
- Aktuelle Entwicklungstechnologien und ihr Einsatzbereich
- SAP Data Dictionary und dessen Einsatz auch unter HANA
- Routinierter Umgang mit dem ABAP-Debugger

https://es-tu.de/9LZg

Thomas Stutenbäumer:

SAP® Praxishandbuch ABAP® Teil 2 – Performance, Erweiterungen, Transportwesen – 2., erweiterte Auflage

- Auswirkungen neuer Technologien auf die Praxis der ABAP-Entwicklung
- Änderungen und Erweiterungen gegenüber dem SAP-Standard
- Einflussmöglichkeiten des Entwicklers auf die Performance
- Transportprozesse zur Produktivsetzung von Anwendungen

https://es-tu.de/tq1cB3